Contents

Introduction

Reading is an entertaining and truly effective way to learn a new language. It is also the key to building better and more natural-sounding sentences. The problem is, when you are starting out with a new language, it can be difficult to look for suitable reading materials. Either you drown in a sea of vocabulary you do not understand, or you get lost in lengthy narratives that make your eyes water and your attention wander. Both can render the entire activity useless and a total waste of time.

Some people suggest starting out with children's books. But is it really effective? Children's books contain choice vocabulary and expressions specifically selected for children. Its themes may not be relevant to an adult learner's daily life.

There are also books that are written in parallel text. However, such books have a tendency to allow readers to choose the easier option ; they therefore gravitate towards the English text instead of reading the story in Spanish.

What This Book is About

So, this book is not a lengthy narrative and it's not a children's book. It's also not written in parallel text. *So, what exactly is it?*

Instead of the afore-mentioned texts, this book strives to embed effective learning aids directly into the material. You will have audio that you can listen to so you can follow along with the pronunciation. You will have a Spanish and an English glossary within the stories, so there will be no need for a dictionary to help you with words you do not understand. You can practice your writing by coming up with your own words to sum up your understanding of the story, and then you can compare it with the summary provided after each story.

The Stories

This book contains a total of ten short stories that revolve around daily themes. The stories are short enough to hold your attention (1,500 words in length), but long enough to make you feel a sense of accomplishment and progress after finishing each one.

You will find that the stories are written using a varied, useful vocabulary and a diverse grammar structure. The combination of dialogue and descriptions are carefully selected to suit beginner to low-intermediate level learners. This will benefit your comprehension for both written and oral communication and will help you in the day-to-day activities, whether you are reading newspapers or trying to understand daily lingo spoken on the street.

How to Use This Book

The stories are short enough to read in one sitting, so read the story from beginning to end. If the passages contain words that are difficult for you to understand, you can find them in the glossary throughout the text. After reading the story for the first time, you can then listen to the audio while following along with the text to enhance your listening skills and hone your pronunciation.

After reading through the story with the audio, you can re-read the story as many times as you would like. Once you feel you have a good understanding of the text, you can proceed to the quiz at the end of the chapter. After the quiz, you can summarize the story in your own words, then compare your summary with the one provided, as well as review the new vocabulary you have learned.

About the Audio

The stories have been recorded by a professional. Abel Franco is from Madrid in Spain, so his pronunciation is a standard spanish voice. He recorded the audio at a slightly slower speed than how Spanish people speak, but at a pace that still sounds natural. To prove that we have put extra care into developing the audio, our sound engineer has decreased the frequency to 100 Hz. Doing so ensures that you hear a softer voice, which results in a nicer listening experience for you.

With this, we guarantee a high quality of sound for your listening pleasure. Instructions for downloading the audio can be found at the end of the book. Please use the clickable table of contents to go there directly.

Want hands free?

*I*f you would like a hands free and purely audible way to learn Spanish, check out the book on Audible. It provides you with the stories, meanings, vocabulary, the Spanish/English glossary…all of it…and more - all audibly.

Instead of over two hours of story-telling, you receive more than 17 hours of audio. Needs hands free in the car, while you exercise or shop? This is the answer. Anywhere you go, whatever you're doing, your Audible version of the book goes with you.

For those of you without an Audible account, you can get this book for free with Audible's 30-Day Trial. You can unsubscribe any time and the book remains yours. To get the audiobook version for free, go to amazon and plug "audible" in the search box. Click on the "audible" icon and choose "Try Audible." You will be

<u>Want hands free?</u>

directed to the trial offer. Follow the steps provided to get your free book! (Should you enjoy your audible account, the $14.95/ month renewal is automatic.)

To get "Spanish Short Stories for Beginners" for free

1. Go here http://bit.ly/spanish-stories-offer for amazon.com

   Or here for Amazon UK
   http://bit.ly/spanish-stories-offer-uk

2. Click (or tap) on **Try Audible for FREE**

3. Follow the remaining steps, and that's it.

Story #1 - JUAN Y SUS AMIGOS
(Presentaciones y saludos)

Important! The link to download the MP3 is available at the end of this book page 139.

¡Hola! ¿Qué tal? **Me llamo** Juan. Soy español pero vivo en Londres. **Tengo** 27 (veintisiete) **años**. **Trabajo** aquí **como cocinero**. Mi trabajo es un poco **aburrido** porque todos los días preparo la misma comida para los clientes: arroz, carne, pescado, huevos… Además yo soy vegetariano así que nunca como estas cosas.

Hablo tres idiomas: catalán, español e inglés. También estudio francés. **Comparto piso** con tres chicos más: Pedro, Alberto y Xavier.

¡Hola! – Hi/Hello!
¿Qué tal? – How are you?

Story #1 - JUAN Y SUS AMIGOS (Presentaciones y saludos)

me llamo (verb llamarse) – I am called
tengo X años (verb tener) – I am X years old
trabajo como (verb trabajar) – I work as
cocinero – chef
aburrido – boring
hablo (verb hablar) – I speak
comparto (verb compartir) – I share
piso – flat

    En mi tiempo libre, **me gusta salir a pasear** en bicicleta o **tocar** la guitarra. Me gusta mucho la música rock. También **me interesan** otros **deportes** como el baloncesto o el fútbol. **Creo que** a todos los españoles nos gusta el futbol.

en mi tiempo libre – In my free time
me gusta (verb gustar) – I like
me interesan (verb interesar) – I am interested in
deportes – sports
creo (verb creer) – I think/believe

    Este es mi **compañero** de piso, Pedro. Pedro es de Portugal. Tiene 25 (veinticinco). Él es **dependiente** en una **tienda de ropa pero** también es **periodista**. A Pedro le gusta su trabajo porque allí habla con gente y **aprende** mejor el idioma. Como a Pedro también le gusta la **moda**, siempre sabe qué ropa está de moda en cada momento, los **pantalones** que **tiene que** vestir cuando **sale de fiesta**, las **camisas** que **puede** ponerse para **ir a** trabajar, qué **zapatos** ponerse cuando va a trabajar, etc.

    En su tiempo libre, a Pedro le encanta leer muchas cosas diferentes: **libros** muy largos, **periódicos** y **revistas** de tendencias, de música y de moda.

este – this
compañero – partner
dependiente – shop assistant
tienda de ropa – clothes shop/store

pero – but
periodista – journalist
aprende (verb aprender) – he/she learns
moda – fashion
pantalones – trousers / pants
tiene que (verb tener que) – he/she has to
sale de fiesta (verb salir) – he/she goes to a party
camisa – shirt
puede (verb poder) – he/she is able to/can
ir a – to go to
zapatos – shoes
libros – books
periódicos – newspapers
revistas – magazines

Pedro y Juan van a un bar donde **quedan** normalmente con sus amigos. Pedro va a **conocer** a Tania, una chica **alemana** que trabaja con Juan. Tania es **rubia,** muy **alta** y **delgada**. Tiene los **ojos azules** y habla también inglés, español y alemán. Juan va a **presentarles**:

- – J: Hola, Clara, ¿cómo estás?
- – T: Muy bien, ¿y tú?
- – J: Bastante bien, pero un poco **cansado**. He trabajado mucho hoy.
- – T: Sí, te entiendo. Nuestro trabajo es muy **duro**.
- – J: **Mira**, Tania, este es Pedro.
- – P: ¡Hola, Tania! **Encantado de conocerte**.
- – T: **Igualmente**, Pedro.

quedan (verb quedar) – they meet
conocer – to know
Alemana - German
rubia - blonde
alta - tall
delgada - thin
ojos - eyes
azules - blue

presentar - introduce
¿Cómo estás? - How are you?
cansado - tired
duro - hard
mira - look
Encantado de conocerte. – Nice to meet you.
Igualmente. – Same to you.

El **camarero** del bar les atiende y Juan pide un **café con leche**, Tania un **zumo de naranja** y Pedro un **refresco de limón**. Es **martes** y por eso ninguno de ellos **bebe** nada con alcohol.

Cuando el camarero trae sus bebidas, oye que todos hablan español y se presenta, porque él también es español:

- C: ¡**Así que** también sois españoles! Yo soy Carlos, soy sevillano. He llegado a Londres este mes. **Un placer conoceros**.
-

camarero – waiter
café con leche – coffee with milk
zumo de naranja – orange juice
refresco de limón – lemon soda
Martes – Tuesday
bebe (verb beber) – they drink
así que – so
Un placer conoceros. – It's my pleasure to know you,

Hablan **durante** cinco minutos y Carlos explica que también es **aficionado** al fútbol como Juan así que quedan para ir a ver el **partido** del Madrid el **próximo sábado** en un bar. **Intercambian** sus números de teléfono:

- C: Mi número es 654312889 (seis, cinco, cuatro, tres, uno, dos, ocho, ocho, nueve). Trabajo **desde las 2 hasta las 8**. Puedes llamarme **antes** o **después** de esa hora.
- J: Perfecto. Te llamaré el **viernes**. ¡Nos vemos pronto!

durante – during
aficionado – fan
partido – match
Sábado – Saturday
intercambian (verb intercambiar) – they exchange
desde las X hasta las Y – from X to Y
antes – before
después – later
Viernes – Friday
¡Nos vemos pronto! – See you soon!

Carlos tiene que volver al trabajo así que se **despide**:

- Hasta luego chicos. ¡Que aproveche! ¡Que tengáis un buen día!

Piden **la cuenta** a otro camarero y se van del bar:

- ¿Cuánto es?
- Son 20 libras.
- Aquí tiene. **Adiós.**

Se despiden:
T: Bueno chicos. ¡Hasta la vista!
P y J: **Que vaya bien**, Tania.

despide (verb despedirse) – he/she says goodbye
¡Que aproveche! – Enjoy your drink/meal!
¡Que tengáis un buen día! – Have a good day!
la cuenta – the bill
¿Cuánto es? - How much is it?

Pedro y Juan **vuelven** a casa donde **se reúnen** con otro de sus compañeros de piso, Alberto. Es argentino, vive en Londres desde hace dos años y es **estudiante de Medicina**. Alberto les **recibe**:

- A: Hola, **tíos**. ¿Cómo va todo?
- P: Muy bien, hemos tomado algo con una amiga de Juan que es muy **simpática**.

- A: ¿Os apetece ver una película?
- J: Claro. ¿Qué película vas a ver?
- A: Es una película de terror. **Trata de** un **mundo** en el que **la mayoría de** los hombres **se convierten** en zombis.
- J: Yo voy a dormir, **odio** las películas de terror. ¡Buenas noches!
- A: Yo la veré contigo, he visto muchas películas **similares**.

vuelven (verb volver) – they come back/return
se reúnen (verb reunirse) – they meet
estudiante – student
medicina – medicine
recibe (verb recibir) – he/she receives
tíos – guys/ uncle
¿Cómo va todo? - How is everything going?
simpático – nice
¿Os apetece ver una película? - Would you like to see a movie?
trata de – it is about
mundo – world
la mayoría de – most of
se convierten (verb convertirse) – become/turn into

En la película **aparece** mucha **sangre** y los **actores** son generalmente muy **malos**. El **argumento** es muy simple. El **protagonista** es un actor muy famoso que ha ganado muchos **premios** pero en esta película no tiene un gran **papel**. **Termina** la película y es muy **tarde**. Son las dos de la **noche** y Juan tiene que **levantarse** pronto mañana, así que se va a dormir: ¡hasta mañana, Alberto!

aparece (verb aparecer) – he/she appears
sangre – blood
actores – actors
malos – bad
argumento – plot
protagonista – main character
premios – awards

papel – role
termina (verb terminar) – he/she ends/finishes
tarde – late
levantarse – wake up
¡Hasta mañana! – Until tomorrow!

Al día siguiente, mientras desayuna, Xavier se despierta y desayuna con Juan. A Xavier **le encanta** la música y esa noche piensa ir a un **concierto** de su **grupo** favorito. Pensaba ir con su **novia** al concierto pero ella no puede ir porque está **ocupada** con sus **exámenes** de la universidad, así que le propone ir a Juan.

- Oye, Juan, ¿te apetece venir al concierto esta noche?
- ¿A qué hora es?
- A las 12, actúan tres grupos pero yo solo quiero ver a los últimos, los otros son muy aburridos.
- De acuerdo. Voy contigo. ¡**Muchas gracias**, Xavier!
- ¡De nada!
- ¡Nos vemos esta noche!

Esa noche van al concierto. El concierto es en un bar que está en el centro de la ciudad. Es un bar muy pequeño y **oscuro** pero la cerveza es muy **barata**. Hay mucha gente. El **escenario** está a la **izquierda** y ellos están muy **cerca**. El concierto empieza pero Juan pronto se va a casa porque es muy **ruidoso** y no le gustan los grupos. Pero antes de irse, Xavier le presenta a una amiga a la que le gusta Juan.

- X: Juan, esta es mi amiga Ana. Es de Londres.
- J: Hola, Ana. Un placer conocerte.
- A: ¡Igualmente!
- J: **Espero que nos veamos pronto**.

le encanta (verb encantar) – he/she loves/really likes it
concierto – concert
grupo - band
novia - girlfriend
ocupada – busy

exámenes - exams
¡Muchas gracias! – Thank you very much!
¡De nada! – You are welcome!
¡Nos vemos esta noche! – See you tonight!
oscuro - dark
barata - cheap
escenario – stage
izquierda - left
cerca – close/ near to
ruidoso – noisy
Espero que nos veamos pronto – I hope to see you soon

El día siguiente es sábado y Juan va al partido de fútbol con Carlos, el chico al que conoció en el bar. Antes de ir le llama y le dice que se verán en un bar que hay **a dos calles** del estadio de fútbol. Hay mucha gente en la calle ese día y hay un ambiente muy **animado** por el partido. Juan está **nervioso** por el partido porque es un gran aficionado del **equipo** que juega, **tiene muchas ganas** de tomar unas cervezas y sentir la emoción del deporte. Carlos aparece y lleva una camiseta y una **bufanda** del equipo. Llegan al bar donde les esperan unos amigos de Carlos. Todos llevan puestas camisetas con nombres de **jugadores**. La gente, en general, está muy animada y miran la televisión **absortos**. El bar es muy grande y faltan 30 (treinta) minutos para el **principio** del partido. A la izquierda está la **barra** así que Juan y Carlos se sitúan allí para no tener que cruzar toda la masa de gente. **Piden** algo de beber y unas **patatas fritas**. Tienen que **gritar** para poder oírse pero ambos están muy contentos por la excitación del momento.

a dos calles – two streets away
animado – animated
nervioso – nervous
equipo – team
tiene muchas ganas (verb tener) – he/she is excited about
bufanda – scarf
jugadores – players
absortos – absorbed
barra – bar

piden (verb pedir) – they order
patatas fritas – chips / fries
gritar – to yell

Comentan el partido entre todos: "el nuevo jugador argentino **es mucho mejor que** el **anterior** delantero del equipo", "el árbitro **es más lento que** una tortuga", "**perdemos** muchos partidos y es normal. Este portero **es más viejo que** mi **abuelo**". **De repente**, un jugador del equipo español del que son aficionados Juan y Carlos **marca** el gol que les da la victoria y el bar completo se convierte en una celebración, todos están contentos, se **abrazan**, celebran y **aplauden** brindando con sus bebidas.

es mucho mejor – is better than
anterior - previous
es más lento que – is slower than
perdemos (verb perder) – we lose
es más viejo que – is older than
abuelo – grandfather
de repente – suddenly
marca (verb marcar) – he/she score
abrazan (verb abrazar) – they embrace/hug
aplauden (verb aplaudir) – they cheer

El partido termina entre las **sonrisas** de los aficionados. Son las 11 de la noche y Juan y Carlos se despiden y se van a casa porque mañana trabajan los dos.

– Bueno, Carlos, **lo he pasado muy bien**.
– Yo también, creo que tenemos que **repetir**lo.
– Claro, podemos quedar otra vez la **próxima** semana.
– **Por supuesto**. Bueno, tengo que irme, nos vemos pronto.
– Vale, llámame. **Hasta otra**.

Juan se va a su casa en metro. El metro **está lleno** de gente que también ha ido a ver el fútbol y siguen comentando jugadas. Juan llega a casa cansado pero muy contento por una buena semana en la que ha trabajado, ha hecho nuevos amigos y ha salido con ellos.

sonrisas – smiles
lo he pasado bien (verb pasar) – I had a good time/had fun
repetir – to repeat
próxima – next
por supuesto – of course
hasta otra – see you next time
está lleno – it is crowded

a) ¿De qué trabaja Juan?
    a. Es camarero.
    b. Es cocinero.
    c. Es periodista.
    d. Es futbolista.

b) ¿De dónde es Tania?
    e. De Alemania.
    f. De Holanda.
    g. De Francia.
    h. De Almería.

c) ¿De qué género es la película que mira Alberto?
    i. Es una comedia.
    j. Es una película de dibujos animados.
    k. Es una película de terror.
    l. Es una película de acción.

d) ¿A quién conoce Juan en el concierto?
    m. Al cantante del grupo principal.
    n. A los camareros del bar.
    o. Al portero del bar.
    p. A Ana, amiga de Xavier.

e) ¿Dónde ven Carlos y Juan el partido?
    q. En casa de Carlos.
    r. En un bar.

    s. En casa de Juan.

    t. En el estadio.

Respuestas:
- a) A.
- b) A.
- c) C.
- d) E.
- e) B.

Resumen:

Juan es un chico español que trabaja en Londres como cocinero. Vive con tres amigos: Pedro, portugués, que es dependiente en una tienda y periodista; Alberto, un argentino que es estudiante de Medicina y le gustan las películas de terror; y Xavier, francés, a quien le encanta la música.

Un día Juan, con su compañera de trabajo, Tania, y Pedro, conocen a Carlos, un camarero español en Londres. A Carlos le gusta mucho el fútbol, como a Juan, y le propone ir juntos a ver el partido el sábado próximo.

Esa noche, Juan llega a casa y ve una película de terror con Alberto. Después se acuesta. Al día siguiente, Xavier le propone ir a un concierto. Esa noche van a un concierto y allí Juan conoce a Ana, amiga de Xavier. A Juan no le gusta el concierto y se va pronto a casa.

El sábado, Juan va a ver el partido con Carlos a un bar de aficionados que está lleno. Allí lo pasan muy bien y su equipo gana.

Summary:

Juan is a Spanish guy who works in London as a chef. He lives with three friends: Pedro, a Portuguese shop assistant and journalist; Alberto an Argentinean who is a medical student and likes horror movies; and Xavier, a French guy who loves music.

One day, Juan, his colleague Tania and Pedro meet Carlos, a Spanish waiter in London. Carlos likes football, as Juan does, and invites him to go together to see a match next Saturday.

That night, Juan arrives home and watches a horror movie with Alberto. He goes to bed right after. Next day, Xavier invites him to go to a concert. They go to the concert that night and Juan meets Ana, Xavier's friend. Juan doesn't like the concert so he goes home soon.

On Saturday, Juan goes to see the football match with Carlos at a crowded bar. They have fun and their team wins the game.

VOCABULARIO:

¡Hola! – Hi/Hello!
¿Qué tal? – How are you?
me llamo (verb llamarse) – I am called
tengo X años (verb tener) – I am X years old
trabajo como (verb trabajar) – I work as
cocinero – chef
aburrido – boring
hablo (verb hablar) – I speak
comparto (verb compartir) – I share
piso – flat
en mi tiempo libre – In my free time
me gusta (verb gustar) – I like
me interesan (verb interesar) – I am interested in
deportes – sports
creo (verb creer) – I think/believe
este – this
compañero – partner
dependiente – shop assistant
tienda de ropa – clothes shop/store
pero – but
periodista – journalist
aprende (verb aprender) – he/she learns
moda – fashion

Story #1 - JUAN Y SUS AMIGOS (Presentaciones y saludos)

pantalones – trousers / pants
tiene que (verb tener que) – he/she has to
sale de fiesta (verb salir) – he/she goes to a party
camisa – shirt
puede (verb poder) – he/she is able to/can
ir a – to go to
zapatos – shoes
libros – books
periódicos – newspapers
revistas – magazines
quedan (verb quedar) – they meet
conocer – to know
Alemana - German
rubia - blonde
alta - tall
delgada - thin
ojos - eyes
azules - blue
presentar - introduce
¿Cómo estás? - How are you?
cansado - tired
duro - hard
mira - look
Encantado de conocerte. – Nice to meet you.
Igualmente. – Same to you.
camarero – waiter
café con leche – coffee with milk
zumo de naranja – orange juice
refresco de limón – lemon soda
Martes – Tuesday
bebe (verb beber) – they drink
así que – so
Un placer conoceros. – It's my pleasure to know you,
durante – during
aficionado – fan
partido – match
Sábado – Saturday
intercambian (verb intercambiar) – they exchange

desde las X hasta las Y – from X to Y
antes – before
después – later
Viernes – Friday
¡Nos vemos pronto! – See you soon!
despide (verb despedirse) – he/she says goodbye
¡Que aproveche! – Enjoy your drink/meal!
¡Que tengáis un buen día! – Have a good day!
la cuenta – the bill
¿Cuánto es? - How much is it?
vuelven (verb volver) – they come back/return
se reúnen (verb reunirse) – they meet
estudiante – student
medicina – medicine
recibe (verb recibir) – he/she receives
tíos – guys/ uncle
¿Cómo va todo? - How is everything going?
simpático – nice
¿Os apetece ver una película? - Would you like to see a movie?
trata de – it is about
mundo – world
la mayoría de – most of
se convierten (verb convertirse) – become/turn into
aparece (verb aparecer) – he/she appears
sangre – blood
actores – actors
malos – bad
argumento – plot
protagonista – main character
premios – awards
papel – role
termina (verb terminar) – he/she ends/finishes
tarde – late
levantarse – wake up
¡Hasta mañana! – Until tomorrow!
le encanta (verb encantar) – he/she loves/really likes it

concierto – concert
grupo - band
novia - girlfriend
ocupada – busy
exámenes - exams
¡Muchas gracias! – Thank you very much!
¡De nada! – You are welcome!
¡Nos vemos esta noche! – See you tonight!
oscuro - dark
barata - cheap
escenario – stage
izquierda - left
cerca – close/ near to
ruidoso – noisy
Espero que nos veamos pronto – I hope to see you soon
a dos calles – two streets away
animado – animated
nervioso – nervous
equipo – team
tiene muchas ganas (verb tener) – he/she is excited about
bufanda – scarf
jugadores – players
absortos – absorbed
barra – bar
piden (verb pedir) – they order
patatas fritas – chips / fries
gritar – to yell
es mucho mejor – is better than
anterior - previous
es más lento que – is slower than
perdemos (verb perder) – we lose
es más viejo que – is older than
abuelo – grandfather
de repente – suddenly
marca (verb marcar) – he/she score
abrazan (verb abrazar) – they embrace/hug

Story #1 - JUAN Y SUS AMIGOS (Presentaciones y saludos)

aplauden (verb aplaudir) – they cheer
sonrisas – smiles
lo he pasado bien (verb pasar) – I had a good time/had fun
repetir – to repeat
próxima – next
por supuesto – of course
hasta otra – see you next time
está lleno – it is crowded

STORY #2 – UNA NOCHE DE PELICULA (En el Cine)

María va al cine casi todas las semanas. Es un poco **rego-rdeta** y tiene el pelo muy rojo. Todos los trabajadores del cine **se acuerdan** de ella.

Su **género** preferido es el terror, aunque también le gustan mucho las comedias románticas.

María siempre se imagina que es la **actriz protagonista** en una película de Leo Díaz **basada en un libro**. Ella interpreta a una inocente **bibliotecaria,** muy alta y delgada, que se enamora de él en un viaje por África. Leo es un actor muy guapo, moreno y con los dientes blancos y **rectos**. Es un famoso **galán** de Hollywood.

STORY #2 – UNA NOCHE DE PELICULA (En el Cine)

regordeta - chubby
se acuerdan (verb. acordarse) - they remember
género - genre
actriz protagonista - main actress
basada en un libro - based on a book
bibliotecaria - librarian
rectos - straight
galán - ladies' man

En **taquilla**, la **taquillera** la saluda alegre. Es una chica joven negra muy **pecosa** y simpática.

- Hola, María. ¿Qué vas a ver hoy?
- Quiero una **entrada** para la **sala** 2, por favor. La de los **boxeadores**.
- ¿Para la **sesión** de las 8 en punto?
- Sí, gracias.
- Son 8.50€. Hoy es más barato porque es el **día del espectador**.
- ¡Qué bien! Con el dinero que me **sobra** compraré **palomitas**.

Maria camina por el **vestíbulo**. Ve un **cartel**. Esta noche se **estrena** una **película bélica** en ese cine. El director y el **guionista** vendrán a presentarla.

Quizá se quede a la **sesión golfa** para verla. María está muy ilusionada. El cine de guerra no le gusta mucho, pero el director es muy famoso. Ha ganado un Óscar.

taquilla - box office
taquillera - box office clerk
pecosa - freckled
entrada - ticket
sala - screen, auditorium
boxeador - boxer
sesión - showing, screening
día del espectador - discount day (spectator's day)

STORY #2 – UNA NOCHE DE PELICULA (En el Cine)

sobra (sobrar) - is left over (to be left over, to exceed)
palomitas - popcorn
vestíbulo - hall
cartel - poster
estrena (estrenar) - premieres (to premiere)
película bélica - war film
guionista - screenwriter, scriptwriter
sesión golfa *(colloquial)* - late night showing

Normalmente, María no compra comida en el cine porque es muy **cara**, y se lleva caramelos de café de casa **escondidos** en el bolso. Pero hoy es un día especial, así que compra palomitas con mantequilla y sal y una limonada.

Hay un chico al que no conoce que está cortando entradas. Su pelo es un poco largo y tiene los ojos y la nariz muy grandes. Es bajito y delgado. Parece un **ayudante** de Papá Noel.

- **Disfrute** de la película.
- Muchas gracias. Usted también.

María se **sonroja** de **vergüenza**.

La sala número 2 está al final del pasillo a la derecha. Cuando abre la puerta del auditorio, los **focos** se apagan y empiezan los anuncios. Un coche grande y brillante aparece en la pantalla. La música está muy fuerte. Le pregunta al **acomodador** si podrían **bajar el volumen**. Le duelen los oídos.

cara - expensive
escondidos - hidden
ayudante - helper
disfrute - enjoy
sonrojarse - to blush
vergüenza - embarrassment
focos - lightbulbs
acomodador - attendant, usher (theater)
bajar el volumen - to turn the volume down

STORY #2 – UNA NOCHE DE PELICULA (En el Cine)

La sala está muy oscura y no puede leer su **entrada numerada**.

El acomodador usa su **linterna** y la acompaña hasta su asiento. Es una **butaca** muy cómoda y está en el centro de la sala. La película empezará pronto.

Hoy va a ver una película de acción. Cinco hombres con el pelo corto y muchos tatuajes en sus brazos **disparan** desde un **coche en marcha**. Todos visten chaquetasde **cuero**. Son muy **masculinos**.

entrada numerada - numbered ticket
linterna - flashlight
butaca- theater seat
disparan (disparar) - shoot (to shoot)
coche en marcha - moving car
cuero - leather
masculino - masculine

María preferiría ver una **telenovela** con Leo Díaz. Sería mucho más **entretenida**.

De repente, María necesita ir al baño. Se ha terminado su refresco demasiado rápido. ¡Es una urgencia! El señor de al lado, enfadado, levanta sus piernas para dejarla pasar.

— Lo siento —dice María **en voz baja**. No quiere **molestar** a los espectadores.

Sin querer, tira las palomitas al suelo de **moqueta**. ¡Qué vergüenza! Las pisa y hace mucho ruido. Se va rápidamente al baño. Cuando sale, vuelve a mirar el cartel del estreno. Está muy **ilusionada**. Nunca ha conocido a ningún famoso.

«Seguro que son muy elegantes y educados» —piensa.

Regresa a la sala. El señor de al lado la mira **malhumorado** cuando pisa las palomitas para volver a su asiento.

STORY #2 – UNA NOCHE DE PELICULA (En el Cine)

— Lo siento —María se **disculpa** otra vez.

telenovela - soap opera
entretenida - entertaining
en voz baja - softly, quietly
molestar - to bother
moqueta - carpet

ilusionada - excited
malhumorado- bad-tempered
se disculpa (disculparse) - apologizes (to apologize)

La película es muy aburrida. Sólo hay **disparos**, hombres musculosos boxeando y **carreras** de coches. Odia las películas de acción, y ésta era muy mala. María quiere irse a casa y ver una **peli de miedo** con su gato gris de pelo largo llamado Fantasma.

Aunque María va mucho al cine, también se **descarga** algunas películas de Internet o las **alquila** en su **televisión de pago**. Le gusta beber chocolate caliente, ver la tele y **abrazar** a Fantasma cuando están solos en casa. Su novio, Ramón, prefiere leer en su dormitorio.

disparo - gunshot
musculoso - muscular
carreras - races
peli de miedo - horror movie
descarga (descargar) - downloads (to download)
televisión de pago - pay television
abrazar - to hold, to embrace

María mira la pantalla y lee los **títulos de crédito**. Las luces se encienden y la gente se levanta con rapidez. Ella prefiere **quedarse** hasta el final para no tener que hacer **cola** para salir. Cuando se va, el chico con cara de elfo entra para limpiar la sala.

— ¿Le ha gustado la película? El año que viene estrenan la **secuela**.
— Mmm, sí —**mintió** María.

María está en el vestíbulo pensando. Quiere quedarse al estreno, pero es tarde, tiene sueño y no quiere **quedarse dormida** durante la proyección. Le daría mucha vergüenza.

títulos de crédito - end credits
quedarse - to stay
cola - queue
elfo - elf
secuela - sequel
mintió (mentir) - lied (to lie)
quedarse dormida - to fall asleep

Decide comprar una entrada. ¡No se conoce a un famoso director todos los días!

— Sólo hay asientos en la **última fila**.
— Vale.
— Son 18€.
— ¿Por qué? —contesta María, muy sorprendida —Creía que hoy era el día del espectador.
— Sí, pero es una sesión especial y es más cara.
— No llevo tanto dinero en **efectivo**. ¿Puedo pagar con **tarjeta**?
— Por supuesto.

última fila - last row
efectivo - cash
tarjeta - card

En media hora empezará la película, pero las puertas de la sala todavía no están abiertas. Los **cineastas** deben de estar dentro ya. Hay una cola muy larga para entrar.

María está muy nerviosa y se compra una bolsa de **kikos**. Cuando está nerviosa **tiene hambre**. Mira el cartel de una película en tres dimensiones. Los actores principales se abrazan **rodeados** de **tiburones**. La actriz es muy delgada y guapa. En otro cartel hay dos hombres calvos, con gafas de sol y **pistolas** y un perro policía.

María termina su bolsa de **maíz** y se siente triste. Quiere ir al baño a **peinarse** un poco. ¡Seguro que su pelo es un desastre! Pero también hay cola para entrar. Sin embargo, los servicios de caballeros…

Sin que nadie la vea, entra y cierra la puerta. Los baños de mujeres siempre están llenos y los de hombres siempre están vacíos.

cineastas - film-maker
kikos - toasted corn
tiene hambre(tener hambre) - is hungry (to be hungry)
rodeados - surrounded
tiburones - sharks
pistolas - guns
maíz - corn, maize
peinarse - to brush

Frente al espejo hay un hombre muy alto. Tiene el pelo negro, los ojos grandes y verdes y los dientes muy blancos y rectos. María no puede hablar. ¿Es él? Está muy impresionada. No puede ser él. Es mucho más **atractivo** en persona. María tiene la cara roja. Es muy **tímida** y no sabe qué decir.

— Hola. Creo que usted no debe entrar aquí. — Leo sonríe. — ¿Ha venido por el estreno?
— Sí. Perdone… quería peinarme.
— ¿Por qué? Está usted muy guapa así.

Los dos se ríen. María está menos nerviosa ahora. Está feliz. Esto es mejor que estar en casa abrazando a su gato mientras Ramón lee. Es mucho más **excitante**.

STORY #2 – UNA NOCHE DE PELICULA (En el Cine)

— Soy amigo del director, he venido con él. ¿Le gusta este tipo de cine? A mí me encanta. El cine bélico y el de acción son mis favoritos, aunque siempre interpreto a personajes de película romántica. Pero es mejor que el cine de terror. Lo odio.

— ¿De verdad? ¿No le gustan las comedias románticas?

— No. Siempre **interpreto** el mismo **papel**. Soy un **seductor**, en un país **remoto** con una inocente **damisela en apuros**. Es muy aburrido. ¿Quiere acompañarme? Le presentaré al director.

atractivo - attractive
tímida - shy
interpreto (interpretar) - play (to play)
excitante - exciting, stimulating
papel - role
seductor - seducer
remoto - distant
damisela en apuros - damsel in distress
presentaré - will introduce (to introduce)

María está ilusionada, pero también **decepcionada**. Leo es muy agradable, pero no es el hombre de sus sueños. Prefiere al Leo de la **gran pantalla**.

En la sala, la audiencia **aplaude**. Están ansiosospor ver la película. El director viste unos **pantalones vaqueros rotos** y una camiseta vieja. Es muy poco elegante y parece **sucio**. Los saluda con la **boca llena** de nachos. El guionista está sentado en la filatres, con los pies en el **respaldo** del asiento de delante. Es muy **maleducado**. **Detrás de las cámaras**, la gente es distinta. María está cansada y quiere ver la película e irse a casa.

decepcionada - disappointed
gran pantalla - big screen
aplaude (aplaudir) - clap, applaud (to clap, to applaud)
pantalones vaqueros rotos - ripped jeans

boca llena - full mouth
respaldo - back of the seat
maleducado - rude
detrás de las camaras - behind the cameras

La película es **en blanco y negro**. Hay una **secuencia** muy larga donde sólo hay un hombre **tocando** el violín. El hombre llora y cambian de **plano**. Un soldado llora escuchando al hombre tocar. Es muy **dramático.**

María mira su reloj. Es la 1 de la mañana. La película es muy larga.

El soldado sigue llorando. Un guerrero grita. La **banda sonora** es muy bonita pero muy lenta. Parece una **nana**. María cierra los ojos.

«Sólo un segundo» — piensa.

María despierta. Estaba **roncando**. El director la mira furioso. María se levanta lentamente y sale de la sala. Cuando llega al vestíbulo, empieza a correr. Quiere llegar a casa enseguida. **Echa de menos** a Fantasma y a Ramón.

en blanco y negro - in black and white
secuencia - sequence
tocar (music) - to play
dramático - shocking
plano - shot
banda sonora - soundtrack
nana - lullaby
roncando (roncar) - snoring (to snore)
echa de menos (echar de menos) - misses (to miss)

En su piso, Ramón la espera en la cocina.

— He hecho chocolate caliente. ¿Quieres un poco? **Estaba a punto** de irme a leer al dormitorio.

María lo abraza muy fuerte. Quiere una taza de chocolate caliente, y dormir mientras Ramón lee una novela **de misterio.** Se ponen el pijama y María empieza a roncar. Ramón sonríe y **pasa de página.** Esto es mucho mejor que ir al cine y ver a gente famosa. En este libro, él viaja por África con una tímida, pelirroja y regordeta bibliotecaria.

estaba a punto (estar a punto) - was about (to be about)
de misterio - mystery
pasa de página (pasar) - turns the page (to turn)

PREGUNTAS

1) ¿Cuál es el género de cine preferido de María?
   a) Terror
   b) Ciencia ficción
   c) Bélico
   d) Comedia romántica

2) ¿Qué comida compra María normalmente en el cine?
   a) Palomitas
   b) Limonada
   c) Las dos cosas
   d) Ninguna de las anteriores

3) ¿Cómo se llama el novio de María?
   a) Leo Díaz
   b) Ramón
   c) Fantasma
   d) No se sabe

4) ¿Con quién se encuentra María en el baño del cine?
   a) Con el director de la película de estreno
   b) Con un antiguo amigo
   c) Con un famoso galán de Hollywood
   d) Con su novio

5) ¿Qué le ocurre a María durante la proyección del estreno?
   a) Se asusta.
   b) Se queda dormida.
   c) Se hace amiga del director.
   d) Llora.

SOLUCIONES
   1) A
   2) D
   3) B
   4) C
   5) B

Resumen:

María va a menudo al cine. A ella le encantan las películas de terror y las comedias románticas. Ella sueña con aparecer en una película con un actor muy famoso. Ese día, tras ver una película muy aburrida, ella se queda en el cine para ver una sesión nocturna de una nueva película. El director y el guionista van a estar allí. Mientras hace cola, ella se pone nerviosa así que va al baño de mujeres para peinarse, pero hay mucha gente, por lo que entra en su lugar al de hombres. Allí, ella conoce a su actor favorito, y descubre que, a pesar de ser encantador, no es como el hombre con el que ella fantasea. María se queda durmiendo durante el estreno y empieza a roncar, por lo que el director se enfada con ella. María se va a casa con su novio, que estaba leyendo y soñando despierto con ella.

Summary:

María goes quite often to the cinema. She loves horror films and romantic comedies. She daydreams about being in a film with a very famous actor. That day, after watching a very boring film, she stays at the cinema to watch a late night showing of a new film. The director and the scriptwriter are going to be there.

STORY #2 – UNA NOCHE DE PELICULA (En el Cine)

While waiting in line, she gets anxious so she goes to the ladies' restroom to brush her hair, but it's full, so she goes to the men's instead. There she meets her favourite actor and discovers that, despite being charming, he's not at all like the one she fantasizes about. She falls asleep during the premiere and starts snoring, so the director gets angry at her. She goes home with her boyfriend, who would rather be reading and daydreaming about her.

VOCABULARIO

regordeta - chubby
se acuerdan (verb. acordarse) - they remember
género - genre
actriz protagonista - main actress
basada en un libro - based on a book
bibliotecaria - librarian
rectos - straight
galán - ladies' man
taquilla - box office
taquillera - box office clerk
pecosa- freckled
entrada - ticket
sala - screen, auditorium
boxeador - boxer
sesión - showing, screening
día del espectador - discount day (spectator's day)
sobra (sobrar) - is left over (to be left over, to exceed)
palomitas - popcorn
vestíbulo - hall
cartel - poster
estrena (estrenar) - premieres (to premiere)
película bélica - war film
guionista - screenwriter, scriptwriter
sesión golfa *(colloquial)* - late night showing
cara - expensive
escondidos - hidden
ayudante - helper
disfrute - enjoy

sonrojarse - to blush
vergüenza - embarrassment
focos - lightbulbs
acomodador - attendant, usher (theater)
bajar el volumen - to turn the volume down
entrada numerada - numbered ticket
linterna - flashlight
butaca- theater seat
disparan (disparar) - shoot (to shoot)
coche en marcha - moving car
cuero - leather
masculino - masculine
telenovela - soap opera
entretenida - entertaining
en voz baja - softly, quietly
molestar - to bother
moqueta - carpet
ilusionada - excited
malhumorado - bad-tempered
se disculpa (disculparse) - apologizes (to apologize)
disparo - gunshot
musculoso - muscular
carreras - races
peli de miedo - horror movie
descarga (descargar) - downloads (to download)
televisión de pago - pay television
abrazar - to hold, to embrace
títulos de crédito - end credits
quedarse - to stay
cola - queue
elfo - elf
secuela - sequel
mintió (mentir) - lied (to lie)
quedarse dormida - to fall asleep
última fila - last row
efectivo - cash
tarjeta - card
cineastas - film-maker

STORY #2 – UNA NOCHE DE PELICULA (En el Cine)

kikos - toasted maize
tiene hambre(tener hambre) - is hungry (to be hungry)
rodeados - surrounded
tiburones - sharks
pistolas - guns
maíz - corn, maize
peinarse - to brush
atractivo - attractive
tímida - shy
interpreto (interpretar) - play (to play)
excitante - exciting, stimulating
papel - role
seductor - seducer
remoto - distant
damisela en apuros - damsel in distress
presentaré - will introduce (to introduce)
decepcionada - disappointed
gran pantalla - big screen
aplaude (aplaudir) - clap, applaud (to clap, to applaud)
pantalones vaqueros rotos - ripped jeans
boca llena - full mouth
respaldo - back of the seat
maleducado - rude
detrás de las camaras - behind the cameras
en blanco y negro - in black and white
secuencia - sequence
tocar (music)- to play
dramático - shocking
plano - shot
banda sonora - soundtrack
nana - lullaby
roncando (roncar) - snoring (to snore)
echa de menos (echar de menos) - misses (to miss)
estaba a punto (estar a punto) - was about (to be about)
de misterio - mystery
pasa de página (pasar) - turns the page (to turn)

STORY #3 - EL SUEÑO DEL CHEF
(Comida y Restaurante)

Guillermo trabaja de **friegaplatos** en un restaurante muy pequeño de su ciudad, pero Guillermo quiere ser Chef. Guillermo estudia por las noches sus **libros de recetas**. Está siempre muy cansado, porque es muy **trabajador**. Cuando nadie le mira, se pone el gorro del **jefe de cocina**. Está muy gracioso porque el sombrero le hace las orejas enormes.

Guillermo tiene el pelo rubio oscuro y las orejas muy grandes. Le gusta mucho cocinar. Cuando ha lavado todos los platos, Guillermo observa al cocinero del restaurante. Quiere aprender a cocinar tan bien como él. El cocinero es un hombre muy simpático y enseña a Guillermo a preparar fideuá. La fideuá es una paella, pero con **fideos**. Es un plato típico de Valencia. Es una receta muy antigua, y muy difícil de cocinar.

friegaplatos - dishwasher
libros de recetas - recipe books
jefe/a de cocina - chef
fideos - noodles
trabajador - hard-working

A Guillermo le encanta la comida típica española. Su madre vive en los Pirineos, y le enseña a cocinar muchos platos típicos de **montaña.** Su plato favorito es el **cordero.** Es una comida deliciosa.

Si quiere ser un gran cocinero, Guillermo necesita aprender muchas recetas. Hoy está **horneando** pan **casero.** La cocina huele muy bien a **harina** caliente y a **mantequilla.** Guillermo también ha cocinado su **postre** favorito; flan de **mango,** pero prefiere la comida **salada.**

montaña - mountain
cordero - lamb
horneando (hornear) - baking (to bake)
casero/a - homemade
harina - flour
mantequilla - butter
postre - dessert
mango - mango
salada - salty

¡Han ascendido a Guillermo a **pinche de cocina**! Ahora Guillermo **pela** muchas patatas. Es un trabajo muy aburrido. ¡Él quiere cocinar, no **limpiar** y pelar patatas! Pero todos los trabajos en la cocina son importantísimos. El jefe de cocina no puede pelar tantas patatas porque tiene que controlar muchas cosas. Guillermo sabe que si pela las patatas rápido, el Chef le enseñará a preparar una receta nueva.

El jefe de cocina le explica a Guillermo cómo preparar la musaca. La musaca es un plato tradicional de Grecia. Es una **lasaña** con **berenjena** y patata. Se puede comer **calienteo fría.**

STORY #3 - EL SUEÑO DEL CHEF (Comida y Restaurante)

Cuando Guillermo sale de trabajar, come **sopa instantánea** para cenar. Está muy cansado y no quiere cocinar.

pinche de cocina - kitchen helper
pela (pelar) - peels (to peel)
limpiar- to clean, to wash
lasaña - lasagna
berenjena - aubergine
caliente - hot, warm
frío/a - cold

Su madre invita a Guillermo a comer. Ha preparado **pollo** al **chilindrón**. Es un plato de Aragón. Lleva **pimiento** verde y rojo y **cebolla**. Guillermo **unta** pan en la salsa. Su madre le dice que el **ingrediente** secreto es el tiempo.

—La **olla** ha estado a **fuego lento** todo el día —le explica.

Guillermo se ríe. Los grandes chefs tienen que cocinar muy rápido.

La madre de Guillermo guarda las **sobras** en una **fiambrera**. El pollo estará igual de rico al día siguiente.

pollo - chicken
al chilindrón *(way of cooking)* - cooked with tomatoes and peppers
pimiento - pepper
cebolla - onion
unta (untar) - spread (to spread)
ingrediente - ingredient
olla - pot
a fuego lento - slow cooked
sobras - leftovers
fiambrera - lunch box

En la calle hay una **churrería ambulante**. Los **churros** se **fríen** en **aceite** muy caliente y se cubren de **azúcar**. El padre de

STORY #3 - EL SUEÑO DEL CHEF (Comida y Restaurante)

Guillermo compra el periódico y churros para **desayunar** todos los domingos. Se comen con una taza de chocolate caliente. Algunas personas los comen en el **postre**.

Guillermo va a trabajar. Hoy tiene que pelar **zanahorias** y **judías** verdes. Van a preparar **ensaladilla rusa**. El chef prepara la mayonesa. De postre habrá **bizcocho** de **manzana** y **canela**. Es un restaurante muy pequeño y sólo tienen **menú del día**.

Guillermo quiere trabajar en un restaurante grande y bonito. Quiere ganar una estrella Michelín. Es un **premio** importantísimo para un cocinero.

churrería – a shop that sells churros
churro - churro, fritter
ambulante - traveling
fríen (freir) - they fry (to fry)
aceite - oil
azúcar- sugar
desayunar - to have breakfast
postre- dessert
zanahorias - carrots
judías - beans
ensaladilla rusa - russian salad
bizcocho - sponge cake
manzana - apple
canela- cinnamon
menú del día - daily menu
premio - prize

El mejor amigo de Guillermo, Juan, es **pastelero**. Los dos deciden **ahorrar dinero** y abrir un restaurante juntos. Guillermo sabe que tendría mucho éxito. Cuando sea chef, se levantará muy pronto para comprar ingredientes **frescos**.

Juan vende **magdalenas** en la feria para ganar dinero extra. Van rellenas de caramelo y **nueces**. Son muy **empalagosas**, pero a su familia le gustan mucho. Su familia es muy **golosa**. Le gustan mucho los dulces. Guillermo no puede **probar** las magdalenas porque es **alérgico** a los **frutos secos.**

Juan es **vegetariano**. No come **carne**, pero sí come **huevos**, **leche** y **miel**.

pastelero/a - pastry chef
ahorrar dinero - to save money
frescos/as - fresh
magdalenas - muffins
nueces- walnuts
empalagosos/as - oversweet
goloso/a - sweet-toothed
probar- to taste
alérgico/a - allergic
frutos secos - dried fruits
vegetariano/a - vegetarian
carne - meat
huevos - eggs
leche - milk
miel - honey

El jefe de Guillermo está **enfermo**. Guillermo está preocupado, pero puede cocinar por primera vez. Guillermo prepara **migas** con **uvas** y chorizo. Las migas están hechas con pan, **ajo** y agua y **se sirven** con un huevo frito. Los **pastores** del sur de España inventaron las migas. Es una comida muy **pesada** pero muy sencilla de preparar.

Los comensales tienen el estómago lleno. La comida está muy buena y no pueden comer más. ¡Pero todos **piden** postre! Juan siempre dice que la comida se come con el **estómago**, pero el postre se come con el corazón.

Después de comer, todo el mundo pide café. El día ha sido un éxito. Guillermo podrá abrir su restaurante pronto.

enfermo/a - ill
migas *(traditional Spanish food)* – migas
uvas - grapes
ajo - garlic
se sirven (servir) - they are served (to serve)
pastores - shepherds
piden (pedir) - they order (to order)
estómago - stomach

Juan y él están ilusionados. Tienen mucho dinero.

Los dos compran un **local** en el centro de la ciudad. Es pequeño pero tiene mucha luz. Los **manteles** son blancos y las **servilletas** verdes. Sus **delantales** también son verdes. Encima de la mesa hay **velas** blancas y bonitas. Es un restaurante romántico.

Guillermo quiere cocinar comida de España y de Italia. Juan hará postres típicos de Francia. Los dos llevan gorros de cocina. El de Juan es pequeño. El gorro de Guillermo es muy grande. Él parece muy alto cuando lo lleva puesto. La madre de Guillermo les saca una foto. Está muy **orgullosa** de su hijo. Le hace un regalo. Es su libro de recetas **escrito a mano**. Antes era de su abuela. Guillermo está emocionado.

local - property
manteles - tableclothes
servilletas - serviette, napkin
delantal - apron, smock
velas - candles
orgulloso/a - proud
escrito a mano (escribir) - hand-written (to write)

Es el primer día que el restaurante está abierto. Juan y Guillermo lo han llamado El Restaurante. Ninguno de los dos tiene mucha **imaginación**, pero es un nombre divertido.

Los camareros llevan puestos camisas negras y pantalones de **traje**. Están muy elegantes. La **jefa de comedor** lleva también un **chaleco**. Está muy **concentrada**. Hay una **banda** tocando música **clásica**.

Un cliente bajo y calvo se sienta en una mesa al lado de la ventana. Está muy serio.

—Buenas noches. ¿Desea algo de beber?
—¿Qué me recomienda?
—El **vino tinto de la casa** es delicioso.
—¿Cuál es la especialidaddel chef?
—Las **angulas**.

El cliente no dice gracias. Es muy **antipático**.

imaginación - imagination
traje - suit
jefe/a de comedor - head waitress
chaleco - waistcoat
concentrado/a - concentrated, focused
banda - band
clásico/a - classical
vino tinto de la casa - house red wine
angulas - eels
antipático/a - unpleasant, mean

Las angulas son pescados muy pequeños. Guillermo las cocina con ajo, jamón de Teruel y **guindilla**. Es un plato un poco **picante**.

El cliente se pone rojo. Las angulas son más picantes de lo que pensaba.

De postre pide **profiteroles** con salsa de chocolate.

El señor calvo come con la mano izquierda. Es **zurdo**. No sonríe ni dice nada. **Pide la cuenta** y se marcha.

guindilla - chilli pepper
picante - hot, spicy

STORY #3 - EL SUEÑO DEL CHEF (Comida y Restaurante)

profiteroles – cream puff
zurdo/a - left-handed
pide la cuenta (pedir) - he requests the bill (to request)

Juan y Guillermo están preocupados. Su primer cliente no ha dicho nada. No le han impresionado.

Ese domingo los padres de Guillermo visitan El Restaurante. Están muy sonrientes. Guillermo no entiende nada. Sus padres le enseñan un periódico.

—Hoy, mientras comía churros y leía el periódico, he encontrado ésto.

Es una **crítica** de El Restaurante muy buena. El señor bajo y calvo es un **crítico culinario.**

Dice que la cocina de Guillermo le ha recordado a su **pueblo natal**, y que el postre de Juan es el mejor que ha comido nunca.

Una buena crítica es muy buena **publicidad**. El restaurante está siempre lleno. Los **comensales** siempre están satisfechos. Guillermo es un cocinero de éxito.

crítica - review
crítico/a culinario - culinary critic
pueblo natal - hometown
publicidad - advertising
comensales - diners

Un día, el crítico culinario vuelve al restaurante con una mujer mayor y muy **elegante**.

Es un día muy **ajetreado**. El camarero **pone la mesa**. Las **copas** y los **cubiertos** brillan mucho.

El crítico y la mujer piden la ensalada **templada** de queso de **cabra** con **piñones**.

STORY #3 - EL SUEÑO DEL CHEF (Comida y Restaurante)

Hoy, el crítico es más simpático. La mujer, sin embargo, es muy **silenciosa**.

Juan y Guillermo están tranquilos. La ensalada es una receta muy sencilla. El **aliño** está hecho con aceite, **mostaza** y miel.

Los dos beben vino blanco frío.

Pagan la cuenta **a pachas** y dejan **propina**. La mujer se pone su abrigo de piel. Hacen una pareja muy rara.

elegante - elegant
ajetreado/a - busy
pone la mesa (poner) - set the table (to set)
copas - glasses
cubiertos - cutlery
templado/a - lukewarm
cabra - goat
piñones - pine nuts
silencioso/a - quiet
aliño - salad dressing
mostaza - mustard
pagan a pachas (pagar) *(colloquial)* - they divide the bill
propina - tip

Ahora, El Restaurante es muy popular. Tienen muchos **clientes fieles.** Muchas parejas vienen aquí a celebrar San Valentín. En el día de los enamorados, la banda toca canciones románticas. Algunos novios bailan lentamente. En las mesas hay **jarrones** con flores y los camareros llevan camisas rojas.

Alguien llama al teléfono. Un señor quiere hacer una reservar una mesa para dos a las 10 de la noche, pero no hay ninguna mesa **disponible**. Todas las mesas están **ocupadas**. El señor **cuelga** el teléfono enfadado.

clientes fieles - faithful clients
jarrones - vases

disponible - available
ocupados/as- occupied
cuelga (colgar) - hangs up (to hang up)

Juan ha preparado algo especial: **tarta de frambuesa** con forma de corazón. **Ha escondido** un anillo de diamantes dentro de la tarta. Un chico le va a **pedir matrimonio** a su novia esa noche.

Guillermo ha sacado una botella de **cava** de la **nevera**. El cava es un vino **espumoso** parecido al champán.

El chico se **arrodilla** en frente de su novia. Es muy excitante. La chica llora y dice sí. Lleva un vestido de **encaje** muy bonito.

tarta de frambuesa - raspberry cake
ha escondido (esconder) - he has hidden (to hide)
pedir (matrimonio) - to propose (marriage)
cava - cava, sparkling white wine
nevera- fridge
espumoso - sparkling
arrodilla (arrodillar) - kneels (to kneel)
encaje- lace

Juan y Guillermo son muy felices. Tienen un restaurante de cuatro **tenedores.**

Guillermo va a casa. Pide comida china **para llevar.** No quiere cocinar más por hoy. Guillermo termina de cenar y lee su libro de recetas mientras come **chucherías.** Él ha escrito algunas recetas nuevas. Le gusta usar **especias** de otros países en las recetas tradicionales de su abuela. A su abuela le gustarían mucho.

tenedores - forks
para llevar - to take away
chucherías - sweets
especias - spices

PREGUNTAS

1) ¿Cuál es el primer trabajo de Guillermo?
   a) Barrendero
   b) Cocinero
   c) Friegaplatos
   d) Chef

2) ¿Quién es Juan?
   a) El padre de Guillermo
   b) El mejor amigo de Guillermo
   c) El jefe de Guillermo
   d) Un cliente del restaurante

3) ¿A que es alérgico Juan?
   a) A los frutos secos.
   b) A las magdalenas.
   c) Al caramelo.
   d) A la carne.

4) ¿Qué come el crítico culinario en su segunda visita?
   a) Angulas.
   b) Migas.
   c) Ensalada.
   d) Musaca.

5) ¿Qué ocurre en El Restaurante en San Valentín?
   a) Hay una banda tocando.
   b) No hay mesas disponibles.
   c) Un chico le pide matrimonio a su novia.
   d) Todas las anteriores.

SOLUCIONES
   1) C
   2) B
   3) A
   4) C
   5) D

STORY #3 - EL SUEÑO DEL CHEF (Comida y Restaurante)

Resumen

Guillermo trabaja de lavaplatos en un restaurante pequeño. Estudia por las noches

para convertirse en un gran jefe de cocina. Aprende recetas nuevas con su jefe y con su madre. Le gusta la comida típica española.

Su amigo Juan y él están ahorrando para abrir un restaurante. Cuando tienen el dinero, su restaurante es muy tranquilo. Un día, un crítico de comida hace una crítica excelente del restaurante. Éste se hace muy famoso.

El día de San Valentín, un hombre le pide matrimonio a su novia en el restaurante.

Guillermo pide comida para llevar y se va a casa. Tiene mucho éxito pero quiere aprender más recetas.

Summary:

Guillermo works as a dishwasher in a small restaurant. He studies at night to become a great chef. He learns new recipes from his boss and his mother. He likes typical Spanish food.

He and his friend Juan are saving money to open their own restaurant. When they save enough, they open the restaurant but nobody comes in. One day, a food critic eats there and leaves an amazing review. The restaurant becomes very famous. On Valentine's Day, a man proposes to his girlfriend at the restaurant.

Guillermo orders take-out and goes home. He's very successful, but he wants to study more recipes.

VOCABULARIO

friegaplatos - dishwasher
libros de recetas - recipe books

jefe/a de cocina - chef
fideos - noodles
trabajador - hard-working
montaña - mountain
cordero - lamb
horneando (hornear) - baking (to bake)
casero/a - homemade
harina - flour
mantequilla - butter
postre - dessert
mango - mango
salada - salty
pinche de cocina - kitchen helper
pela (pelar) - to peel
limpiar- to clean, to wash
lasaña - lasagna
berenjena - aubergine
caliente - hot, warm
frío/a - cold
pollo - chicken
al chilindrón *(way of cooking)* - cooked with tomatoes and peppers
pimiento - pepper
cebolla - onion
unta (untar) - spread (to spread)
ingrediente - ingredient
olla - pot
a fuego lento - slow cooked
sobras - leftovers
fiambrera - lunch box
churrería – a shop that sells churros
churro - churro, fritter
ambulante - traveling
fríen (freir) - they fry (to fry)
aceite - oil
azúcar- sugar
desayunar - to have breakfast
postre- dessert

STORY #3 - EL SUEÑO DEL CHEF (Comida y Restaurante)

zanahorias - carrots
judías - beans
ensaladilla rusa - russian salad
bizcocho - sponge cake
manzana - apple
canela- cinnamon
menu del día - daily menu
premio - prize
pastelero/a - pastry chef
ahorrar dinero - to save money
frescos/as - fresh
magdalenas - muffins
nueces- walnuts
empalagosos/as - oversweet
goloso/a - sweet-toothed
probar- to taste
alérgico/a - allergic
frutos secos - dried fruits
vegetariano/a - vegetarian
carne - meat
huevos - eggs
leche - milk
miel - honey
enfermo/a - ill
migas*(traditional Spanish food)* - migas
uvas - grapes
ajo - garlic
se sirven (servir) - they are served (to serve)
pastores - shepherds
piden (pedir) - they order (to order)
estómago - stomach
local - property
manteles - tableclothes
servilletas - serviette, napkin
delantal - apron, smock
velas - candles
orgulloso/a - proud
escrito a mano (escribir) - hand-written (to write)

imaginación - imagination
traje - suit
jefe/a de comedor - head waitress
chaleco - waistcoat
concentrado/a - concentrated, focused
banda - band
clásico/a - classical
vino tinto de la casa - house red wine
angulas - elvers
antipático/a - unpleasant, mean
guindilla - chilli pepper
picante - hot, spicy
profiteroles - profiteroles
zurdo/a - left-handed
pide la cuenta (pedir) - he requests the bill (to request)
crítica - review
crítico/a culinario - culinary critic
pueblo natal - hometown
publicidad - advertising
comensales - diner
elegante - elegant
ajetreado/a - busy
pone la mesa (poner) - set the table (to set)
copas - glasses
cubiertos - cutlery
templado/a - lukewarm
cabra - goat
piñones - pine nuts
silencioso/a - quiet
aliño - salad dressing
mostaza - mustard
pagan a pachas (pagar) *(colloquial)* - they divide the bill
propina - tip
clientes fieles - faithful clients
jarrones - vases
disponible - available
ocupados/as- occupied
cuelga (colgar) - hangs up (to hang up)

STORY #3 - EL SUEÑO DEL CHEF (Comida y Restaurante)

tarta de frambuesa - raspberry cake
ha escondido (esconder) - he has hidden (to hide)
pedir (matrimonio) - to propose (marriage)
cava - cava, sparkling white wine
nevera- fridge
espumoso - sparkling
arrodilla (arrodillar) - kneels (to kneel)
encaje- lace
tenedores - forks
para llevar - to take away
chucherías - sweets
especias - spices

STORY #4 – LA GRAN FAMILIA
(Amor, Amistad y Familia)

*E*sta historia ocurrió hace mucho tiempo.

José e Isabel eran un **matrimonio** mayor. Se querían mucho. José era un **agricultor** alto y delgado. Tenía mucho pelo en el **pecho**. Isabel era **ama de casa**. Antes no había **lavadoras** y había que lavar la ropa en el río. Los dos trabajaban mucho.

matrimonio - married couple
agricultor - farmer
pecho - chest
ama de casa - housewife
lavadoras - washing machines

STORY #4 – LA GRAN FAMILIA (Amor, Amistad y Familia)

José e Isabel tenían cuatro **hijas**. La hija mayor, Sofía, estaba **casada** con un hombre más joven y tenía tres hijos. Eran muy felices, pero no tenían dinero. Sofía era delgada y **pálida**. Estaba enferma a menudo. Su hermana Jimena vivía con ellos y **cuidaba** de Sofía y de los niños. Los niños querían mucho a su tía. Lorena era soltera. Tenía una **relación a distancia** con un **soldado**. Lorena y el soldado se casaron unos años después, cuando terminó la guerra. La hija menor de José e Isabel se llamaba Inés. Inés era guapa e **ingenua**. Ella tenía un romance con un chico del pueblo, Blas. El chico era rico e importante, y también muy **malcriado**. A José e Isabel no les gustaba Blas.

hijas - daughters
casado/a - married
pálido/a - pale
cuidaba (cuidar) - looked after (to look after, to take care of)
relación a distancia - long distance relationship
soldado/a - soldier
ingenuo/a - naive
malcriado/a - spoiled

Cada miércoles, Lorena y e Inés iban a clases de **costura**. Lorena quería ser **sastre**. Después de clase, Lorena enviaba cartas a su **novio**.

Lorena no fue nunca al colegio y no sabía leer. Conoció a su novio en una fiesta en la **Plaza Mayor**.

Cuando él fue a la guerra, Lorena quería aprender a leer. Su mejor amiga le enseñaba a leer las cartas de su novio. Era muy **paciente**. Lorena aprendió rápido. Practicaba leyendo novelas románticas. Al final podía leer y escribir sin ayuda.

costura - sewing
sastre - tailor
novio - boyfriend
Plaza Mayor - Main square
paciente - patient

STORY #4 – LA GRAN FAMILIA (Amor, Amistad y Familia)

Jimena también era muy inteligente. Un día, en el mercado, había una tienda vacía. Preguntó a un señor y el señor le dijo que la tienda estaba **en alquiler**. Jimena no tenía mucho dinero, pero la alquiló. En aquella época, las mujeres no podían **firmar un contrato** sin el permiso de un hombre de su familia. Su **cuñado** firmó por ella. Jimena le tenía **cariño**. Lorena **cosía** trajes y Jimena los **vendía**. Jimena tampoco sabía leer ni escribir, y llevaba la **contabilidad** sin calculadora. Trabajar allí la hacía muy feliz. Después de trabajar cuidaba a su hermana Sofía.

en alquiler - for rent
firmar un contrato - to sign a contract
cuñado - brother-in-law
cariño - affection
cosía (coser) - sew (to sew)
vendía (vender) - sold (to sell)
contabilidad - accounts

Sofía tenía mala salud. Su esposo y sus hijos la cuidaban. Ella siempre era positiva. Aunque le **doliera** la cabeza, sonreía. No quería que sus hijos la vieran triste.

Inés visitaba a Blas y no volvía a casa hasta tarde. José e Isabel estaban muy preocupados. Inés era muy joven e inocente.

Un día, Inés fue a casa llorando. Estaba **embarazada**. Blas quería casarse con ella. José e Isabel no lo **permitían**. Era mejor tener un **nieto ilegítimo** quea Blas en la familia. José pensaba que Blas no era buena persona.

Inés y Blas se casaron en secreto y tuvieron un bebé. Era un niño gordito y calvo.

Inés se **sentía** mal. Quería mucho a sus padres. Inés, José e Isabel **hicieron las paces**.

STORY #4 – LA GRAN FAMILIA (Amor, Amistad y Familia)

doliera (doler) - hurt (to hurt)
embarazada - pregnant
permitían (permitir) - allowed it (to allow)
nieto/a - grandson / granddaughter
ilegítimo - illegitimate
sentía (sentir) – felt (to feel)
hicieron las paces (hacer las paces) – made up (to make up)

Isabel visitaba a sus hijas y a sus nietos todos los días. Todos los domingos iban a la **iglesia** y comían juntos en casa. En misa, el **cura** les habló de la importancia del matrimonio. Dijo que **hacer el amor** sin estar casado era **pecado**, y que las mujeres que lo hubieran hecho, eran **impuras**. Isabel no volvió nunca más. Si **Dios** pensaba eso, ella no quería ser su amiga. Los amigos **respetan** a tu familia. Para Isabel, lo más importante era la familia. Era una mujer muy **protectora**.

iglesia - church
cura - priest
hacer el amor - to make love
pecado - sin
impuro/a - impure
Dios - God
respetan (respetar) - respect (to respect)
protector(a) - protective

Isabel se enfadó mucho cuando visitó a Inés una tarde. Su hija lloraba porque se había **peleado** con Blas. Inés había saludado a un **conocido**, y Blas pensaba que le había sido **infiel**. Estaba **celoso**.

Eso no era verdad, pero Blas era muy **posesivo**. Las dos pensaban que un marido debe **confiar** en su esposa. Blas y ella **sesepararon,** pero no **sedivorciaron**.

Sofía murió y su marido **crió** a sus hijos con la ayuda de Jimena. Todos la **echaban de menos**.

STORY #4 – LA GRAN FAMILIA (Amor, Amistad y Familia)

Cuando terminó la guerra, el novio de Lorena regresó al pueblo. Se llamaba Raúl y era muy **apuesto**. Era alto y esbelto. Estaba muy guapo con el uniforme. Las amigas de Lorena tenían **envidia sana**. Se alegraban por su amiga. Lorena y Raúl celebraron una **boda civil**íntima. Solo asistieron los familiares cercanos. Cuando salieron del **ayuntamiento**, sus amigos les tiraron arroz.

peleado (pelear) - fought (to fight)
conocido - acquaintance
infiel - unfaithful, cheating
celoso/a - jealous
confiar- to trust
se separaron (separar) - they separated (to separate)
se divorciaron (divorciar) - they divorced (to divorce)
crió (criar) - reared (to rear, to raise)
echaban de menos (echar de menos) - missed her (to miss)
apuesto/a - handsome, good-looking
envidia sana- healthy envy
boda civil - civil wedding
ayuntamiento - city hall

Lorena y Raúl no podían tener hijos, pero **adoptaron** a una niña. La llamaron Sofía, por su hermana.

Lorena llevaba a Sofía al colegio. Casi todos los niños ayudaban en el campo, pero ella quería que Sofía aprendiera a leer y a escribir. Lorena cosía todo el día. Quería que su hija fuera a la universidad cuando fuera mayor, pero era muy caro. Raúl trabajaba **arreglando** máquinas. En el **ejército** aprendió **mecánica**. Raúl nunca hablaba sobre cuando era soldado. Decía que la guerra era **antinatural** y que los hombres buenos hacían cosas malas cuando están en **combate**. Por la noche, Raúl fabricaba juguetes. En Nochebuena, los vendía en la calle. Ponía todo el dinero en una **hucha**. Él quería que Sofía fuera **enfermera**.

Blas murió en un accidente de **caza**. Inés y su hijo **heredaron** su dinero.

STORY #4 – LA GRAN FAMILIA (Amor, Amistad y Familia)

adoptaron (adoptar) - adopted (to adopt)
arreglando (arreglar) - fixing (to fix)
ejército - army
mecánica - mechanics
hucha – money box
enfermero/a - nurse
caza – hunting
heredaron (heredar) – inherited (to inherit)

Han pasado muchos años.

Lorena y Raúl están **jubilados**. Raúl tiene un jardín. Le gusta mucho cuidar las flores. Llama a su hija por teléfono todos los días.

Lorena escribe novelas románticas y está aprendiendo inglés. Dice que nunca es tarde para aprender. Por las mañanas, va a la escuela de adultos. Quiere saber muchas cosas. Siempre quiso ir al colegio.

Jimena bebe café con ella en su terraza. Les gusta pasear juntas. Jimena también está jubilada, pero a veces va a la tienda. Ahora es una tienda muy grande. Los hijos de Sofía trabajan allí. Es un negocio exitoso. Venden trajes y **vestidos de novia**. Uno de los hijos lleva la contabilidad, pero usa un ordenador.

Inés va al gimnasio tres veces por semana. Quiere estar en forma. Hace mucho ejercicio. No se ha vuelto a casar. Es **viuda**. Ella dice que no necesita ningún hombre a su lado, excepto a su hijo, Tomás.

Yo soy Tomás. Me parezco mucho a mi padre, pero no soy como él. Yo estoy muy orgulloso de mi madre.

jubilados - retired
vestidos de novia - wedding dresses
viuda - widow

STORY #4 – LA GRAN FAMILIA (Amor, Amistad y Familia)

He formado mi propia familia. Me casé con mi mujer hace siete años. Fue una boda grande. Todos mis sobrinos, primos y tíos vinieron a la boda. La familia de mi mujer también es numerosa. Fue una gran fiesta. Nos lo pasamos muy bien. Mi mujer llevaba un vestido blanco largo y hacía sol. Ella es una mujer fuerte y **atractiva**. Es **sordomuda**. Hablamos juntos en **lenguaje de signos**. Nos conocimos en la universidad. Ella es ingeniera. Yo soy arquitecto.

Le digo que estoy **enamorado** de ella todos los días. Se lo digo en voz alta aunque no me oiga. También sabe leer los labios. Soy muy afortunado.

Mi madre me ha enseñado a confiar en las personas a las que quiero, y que la familia es lo más importante. Los amigos van y vienen. La familia siempre está ahí. Yo no soy celoso porque sé que mi esposa nunca me **haría daño.**

he formado mi propia familia - I've started my own family
atractiva - attractive
sordomudo/a – deaf-mute
lenguaje de signos — sign language
enamorado/a— in love
me haría daño — would hurt me

Mi mujer y yo tenemos dos hijos. Ellos son **mellizos**. No puedo diferenciarlos. Parecen **gemelos idénticos**. Son altos y delgados como mi abuelo. Tienen los ojos claros como mi madre. A veces les enseño fotos antiguas de sus abuelos, sus **bisabuelos** y sus tíos. Para mí es muy importante que sepan su historia. Se ríen cuando ven fotos de cuando era pequeño. Era un niño muy gracioso y tenía los ojos grandes. Visitamos a mi madre siempre que podemos. Mi madre mima a sus nietos. Dice que los padres tienen que educar a sus hijos, y las abuelas tienen que **mimar** a sus nietos. Que es ley de vida. Mis hijos la adoran. Cocina su comida favorita y les compra muchos regalos de Navidad.

STORY #4 – LA GRAN FAMILIA (Amor, Amistad y Familia)

mellizos/as - fraternal twins
gemelos/as idénticos/as - twins
bisabuelos - great-grandparents
mimar – to pamper

En Navidad, cenamos todos juntos. Mi tía Jimena hace pastel de frutas y mi tío come un trozo antes de cenar. Mi tía le **regaña**. Mi tío es un hombre viejo y tiene el pelo blanco, pero parece un niño pequeño.

Todos mis primos están casados y tienen hijos. Como no **cabemos** todos en el comedor, comemos en el garaje porque es más grande.

En verano, vamos a la casa de mis **suegros**. Son una pareja muy simpática. Mi suegra tiene el pelo blanco y rizado. Mi suegro es un hombre alto y un poco gordo. A mi suegra le gusta cocinar, pero no come mucho. Por eso mi suegro está un poco gordo. A mi suegro le gusta jugar al póquer en el bar. Cuando vamos en verano, vamos juntos al bar y jugamos con sus amigos. Mi suegro siempre gana. Es muy bueno. Sus amigos se enfadan cuando pierden, pero **hacen las paces** en seguida. Se ríen y hacen **bromas**.

Mi suegra y mi madre **se llevan muy bien.** Las dos **están de acuerdo** en muchas cosas.

Tengo una familia grande y unida. Soy un hombre con muchísima suerte.

regaña (regañar) - scolds (to scold)
cabemos (caber) - fit (to fit)
suegros - parents-in-law
hacer las paces - to make up
bromas - jokes
se llevan muy bien - they get along very well
están de acuerdo - agree

PREGUNTAS

1) ¿Quién tenía una relación a distancia con su novio?
   a) Sofía
   b) Jimena
   c) Lorena
   d) Inés

2) ¿Con quién trabajaba Jimena en su tienda?
   a) Con Sofía
   b) Con Lorena
   c) Con Inés
   d) Con su cuñado

3) ¿Qué le ocurrió a Sofía?
   a) Se divorció
   b) Se curó de su mala salud
   c) Fue a la escuela de adultos
   d) Murió

4) ¿Quién cuenta la historia?
   a) El hijo mayor de Sofía
   b) La hija de Lorena y Raúl
   c) El hijo de Inés y Blas
   d) El hijo menor de Sofía

5) ¿Qué profesión tiene la mujer de Tomás?
   a) Ingeniera
   b) Arquitecta
   c) Enfermera
   d) No ha estudiado

SOLUCIONES
   1) C
   2) B
   3) D
   4) C
   5) A

STORY #4 – LA GRAN FAMILIA (Amor, Amistad y Familia)

Resumen

José e Isabel tienen una familia muy grande.

Su hija mayor está enferma, y su hermana Jimena y su marido la cuidan.

Su otra hija, Lorena, quiere ser sastre. Aprende a leer para mandar cartas a su novio. Tiene una relación a distancia.

Su hija pequeña está embarazada. A José y a Isabel no quieren que ella se case con su novio porque no es una buena persona.

Jimena abre una tienda. Lorena se casa y adopta una niña. Su hermana pequeña se separa.

Unos años después, Tomás cuenta su historia. Todos están muy unidos.

Summary:

José and Isabel have a big family. Their oldest daughter is ill, and her husband and her sister Jimena look after her.

The second daughter, Lorena, wants to become a tailor. She learns how to read so she can write letters to her boyfriend. She's in a long distance relationship.

José and Isabel's youngest daughter is pregnant. José and Isabel don't want her to marry her boyfriend because he's not a good person.

Jimena opens a store. Lorena gets married and adopts a child. Her younger sister separates from her husband.

A few years later, Tomás tells their story. They're all very close.

VOCABULARIO

matrimonio - married couple
agricultor - farmer
pecho - chest
ama de casa - housewife
lavadoras - washing machines
hijas - daughters
casado/a - married
pálido/a - pale
cuidaba (cuidar) - looked after (to look after, to take care of)
relación a distancia - long distance relationship
soldado/a - soldier
ingenuo/a - naive
malcriado/a - spoiled
costura - sewing
sastre - tailor
novio - boyfriend
Plaza Mayor - Main square
paciente - patient
en alquiler - for rent
firmar un contrato - to sign a contract
cuñado - brother-in-law
cariño - affection
cosía (coser) - sew (to sew)
vendía (vender) - sold (to sell)
contabilidad - accounts
doliera (doler) - hurt (to hurt)
embarazada - pregnant
permitían (permitir) - allowed it (to allow)
nieto/a - grandson / granddaughter
ilegítimo - illegitimate
iglesia - church
cura - priest
hacer el amor - to make love
pecado - sin
impuro/a - impure
Dios - God

respetan (respetar) - respect (to respect)
protector(a) - protective
peleado (pelear) - fought (to fight)
conocido - acquaintance
infiel - unfaithful, cheating
celoso/a - jealous
confiar- to trust
se separaron (separar) - they separated (to separate)
se divorciaron (divorciar) - they divorced (to divorce)
crió (criar) - reared (to rear, to raise)
echaban de menos (echar de menos) - missed her (to miss)
apuesto/a - handsome, good-looking
envidia sana- healthy envy
boda civil - civil wedding
ayuntamiento - city hall
adoptaron (adoptar) - adopted (to adopt)
arreglando (arreglar) - fixing (to fix)
ejército - army
mecánica - mechanics
hucha - coin bank
enfermero/a – nurse
caza – hunting
heredaron (heredar) – inherited (to inherit)
jubilados - retired
vestidos de novia - wedding dresses
viuda - widow
he formado mi propia familia - I've started my own family
sordomudo/a - deaf
lenguaje de signos - sign language
enamorado/a- in love
me haría daño - would hurt me
mellizos/as - fraternal twins
gemelos/as idénticos/as - twins
bisabuelos - great-grandparents
mimar – to pamper

regaña (regañar) - scolds (to scold)
cabemos (caber) - fit (to fit)
suegros - parents-in-law
hacer las paces - to make up
bromas - jokes
se llevan muy bien - they get along very well
están de acuerdo - agree

STORY #5 – AMOR ENTRE VECINOS
(Rutina Diaria)

JULIÁN

*T*odos los días Julián sigue la misma **rutina**. Se levanta a las seis y media de la mañana y se prepara un café muy fuerte para **despejarse**, acompañado de dos tostadas con mantequilla y mermelada de **arándanos**. Julián desayuna mientras lee el periódico en su teléfono móvil y mira los tweets. Pasa mucho tiempo en esta **red social.** Siempre se ríe mucho. Empezar el día sonriendo es muy importante.

Después sale a correr un poco por el barrio, no mucho, treinta minutos máximo. Julián se activa del todo. Siente que su cuerpo se despierta.

Julián se ducha con agua caliente, y sale de su casa a las ocho en punto de la mañana, ni un minuto antes, ni un minuto después. Siempre es **puntual**. A las ocho en punto, su vecina Lola abre la ventana de su casa y le saluda. Lleva puesto un pijama rosa y una **bata** verde. A Julián le **embelesa** la sonrisa de Lola.

rutina - routine
despejarse - to clear one's head
arándanos - blueberry
red social - social network
puntual - punctual
bata - dressing gown
embelesa (embelesar) - captivates (to captivate)

Julián llega al trabajo **silbando** y cantando una canción pop. Siempre escucha la radio durante el corto **trayecto** hasta la oficina. Se sienta en su mesa y enciende su ordenador preparado para comenzar una larga **jornada laboral.**

A las dos en punto empieza el **descanso** para comer. Julián come siempre con su **compañero de trabajo**, Luis, en el restaurante Casa Juanita. No es un restaurante de **lujo**, pero la comida es **casera** y el precio del menú muy **asequible**. Doña Juanita les da de comer **a diario** y les trata **estupendamente**. A veces les regala con un **trozo** de **bizcocho** o unas **galletas** para acompañar al café. La verdad, se sienten como en su **propia** casa.

silbando (silbar) - whistling (to whistle)
trayecto - journey
jornada laboral - workday
descanso - break
compañero/a de trabajo - workmate
lujo - luxury

casero/a - homemade
asequible - affordable
a diario - daily
estupendamente - wonderfully
trozo - piece
bizcocho - sponge cake
galletas - cookies, biscuits
propia - own

Después de comer, a las tres en punto, vuelven a la oficina y continúan con su trabajo hasta las seis en punto.

Cuando sale de trabajar, Julián saca su bolsa de deporte del coche y va al gimnasio que está a las **afueras** de la ciudad. Está un poco lejos, pero le gusta porque tiene una **piscina** pequeña en la que puede **zambullirse** de vez en cuando para nadar **un rato**. Ningún otro gimnasio de la ciudad tiene piscina y a Julián le encanta nadar.

Tras el gimnasio, y siempre a las ocho en punto de la tarde, Julián vuelve a casa. A esa hora, todos los días, Lola **saca a su perro a pasear.** Se saludan sonrientes. Julián nunca se **ha atrevido** a decirle nada más que "hola" y "adiós". Julián es tímido.

Después de ver a Lola y de soñar despierto por un instante, sube a su casa, toma una cena ligera y un vaso de leche caliente, y se mete en la cama. Lee un rato hasta que **tiene sueño.**

afueras - outskirts
piscina – swimming pool
zambullirse – to plunge
un rato - a while
saca a su perro a pasear - walks her dog
se ha atrevido (atreverse) - dared (to dare)
tiene sueño - is sleepy

LOLA

STORY #5 – AMOR ENTRE VECINOS (Rutina Diaria)

A Lola no le gusta nada **madrugar**, pero todos los días, sin excepción, **pone el despertador** a las ocho menos cinco. Lola espera al lado de la ventana, hasta ver aparecer a su vecino Julián a las ocho en punto. Cuando le ve, Lola sube las **persianas** y le saluda sonriente. A Lola le gusta mucho su vecino Julián. Cuando Julián sube a su coche y se va a trabajar, ella baja las persianas y se mete en la cama otra vez para poder dormir unas pocas horas más. Casi siempre sueña con él.

madrugar - to wake up early
pone el despertador - sets the alarm
persianas - blinds

A las once de la mañana se levanta por fin y, sin desayunar, se mete en la ducha. Se ducha con agua bien fría para **desperezarse** y empezar el día llena de energía y vitalidad.

Antes de ir al trabajo, Lola saca a pasear a su perro. Lola es camarera en uno de los restaurantes del **centro comercial** de la ciudad, En el restaurante hace dos **turnos**, uno de una del mediodía a cuatro de la tarde, y otro de nueve de la noche a una de la madrugada. Por la tarde, sale a pasear con el perro a las ocho. Es un poco tarde y luego tiene que **apresurarse** para **llegar a tiempo** al trabajo, pero es la hora en la que Julián regresa y no quiere **dejar pasar la oportunidad** de volver a verle.

desperezarse - to stretch out
centro comercial - shopping centre
turnos - shifts
apresurarse - to rush
llegar a tiempo - to be on time
dejar pasar la oportunidad - to miss the opportunity

JULIÁN

Hoy es un día diferente. Julián ha decidido ser **valiente** y va a hablar con Lola. Está tan enamorado que no quiere esperar ni un día más.

Se levanta a la misma hora de siempre y desayuna su café y sus tostadas con arándanos mientras lee el periódico. Los tweets de hoy no son demasiado divertidos, pero él **se ríe a carcajadas.**

Sale a correr y lo hace más rápido que otras veces. Parece que la cafeína ha hecho **más** efecto **que de costumbre**. Cuando vuelve a casa está un buen rato bajo el agua de la ducha, soñando despierto otra vez. Julián se imagina cómo será el día de hoy.

Son las ocho de la mañana. Qué extraño. Hoy, Lola no está subiendo las persianas. ¿Se habrá **quedado dormida**? No importa. Esta tarde, cuando vuelva del trabajo y la vea paseando al perro, hablará con ella.

valiente - brave
se ríe a carcajadas (reir) - he laughs out loud (to laugh)
más que de costumbre - more than usual
quedado dormida - slept in

A la hora de comer, le pide a doña Juanita que **le desee suerte**.

—Puede que hoy cambie mi vida —le dice con una sonrisa de oreja a oreja.

Doña Juanita no entiende nada y mira a Luis, el compañero de Julián, que encoge los hombros sin saber tampoco de qué habla su amigo. Pero le desea suerte de todos modos y le pone una **ración** extra de bizcocho de chocolate con el café.

En el gimnasio Julián está un buen rato en la piscina, nadando de un lado a otro sin parar.

Julián mira **de reojo** el reloj que cuelga de pared. No quiere llegar tarde a casa.

Ya son las ocho y cuarto. Lleva más de 30 minutos esperando a que Lola aparezca con su perro. No la ve en ningún sitio. Julián oye **ladridos** dentro de la casa. Empieza a preocuparse... ¿le habrá pasado algo? Espera un poco más. A las nueve en punto de la noche decide que no tiene ningún sentido esperar más. Sube a su casa. Julián está triste y **cabizbajo**.

le desee suerte (desear) - wish him luck (to wish)
ración - portion
de reojo - sideways
ladridos - barks
cabizbajo - dejected, downcast

LOLA

Lola se despierta pero no sabe qué hora es. Tampoco entiende por qué le duele tanto la cabeza. ¿De dónde viene ese continuo **pitido** intermitente que no deja de escuchar? Abre los ojos y no reconoce la habitación donde está.

—Buenos días Lola —le dice una voz—, anoche tuviste un **accidente de tráfico** y ahora estás en el hospital. Pero no te preocupes. Sólo tienes una pierna **rota** y un fuerte **golpe** en la cabeza. En cuanto nos aseguremos de que estás bien, podrás irte a casa.

Ahora, Lola lo recuerda todo. Antes de ayer, sacó al perro a las ocho en punto de la noche. Como todos los días, después tuvo que correr para poder llegar a tiempo al trabajo. Durante el trayecto, **pisó el acelerador** un poco más de lo debido para intentar **evitar** que un **semáforo** se pusiera en rojo y la **retrasase** aún más. No tuvo tiempo suficiente y no lo consiguió. Lola **chocó** contra otro coche. Después de eso ya no recuerda nada.

Ahora Lola sólo piensa en su perro, que estará sólo en casa, y en Julián.

pitido - ringing
accidente de tráfico - car accident
rota - broken

golpe - blow
pisó el acelerador(pisar) - stepped on the gas (to step)
evitar – to avoid
semáforo - traffic light
retrasase (retrasar) - delayed (to delay)
chocó (chocar) - crashed (to crash)

JULIÁN

De nuevo las ocho y Lola no ha subido las persianas. Se oye al perro llorar dentro de la **vivienda.** Julián está realmente preocupado. ¿Qué ha podido pasar?

Pasa el día **absorto** en sus pensamientos, hoy no **silba** ni canta de camino al trabajo. No ha querido comerse el generoso trozo de **tarta de manzana** que doña Juanita le ha servido con el café de la comida.

Tampoco ha ido al gimnasio. Simplemente ha vuelto a casa y se ha sentado en un **banco** a esperar.

vivienda - home
absorto - absorbed
tarta de manzana - apple pie
banco - bench

LOLA

Por fin la dejan salir del hospital. Todavía no sabe andar muy bien con las **muletas**, pero tan sólo necesita práctica. El médico le ha dicho que tendrá que llevar la **escayola** durante cuarenta días, así que será mejor que empiece a **acostumbrase** a ellas.

JULIÁN

Cuando Julián ve el taxi, no se imagina que Lola va ahí dentro. De hecho, **apenas** la reconoce cuando la ve salir del automóvil con la pierna escayolada, las muletas en las manos y una **venda** en la cabeza. Pero pronto se da cuenta de es ella y se levanta de un **salto** del banco en el que lleva toda la tarde sentado esperando.

LOLA

Hoy Lola no va a madrugar.

JULIÁN

Son las seis y media y Julián se levanta de la cama de un salto. Se mete directamente en la ducha y al salir prepara café y tostadas con arándanos. Hoy no va a correr, ni a leer la prensa o tweets graciosos que le hagan sonreír.

A las siete y cuarto sale de casa. En las manos lleva un termo de café y un plato de tostadas calientes **recién hechas**. Tiene una sonrisa de oreja a oreja. Hoy no tiene que soñar despierto, sólo tiene que cruzar la calle. Julián saca a pasear al perro de Lola. Ella les ve a través de la ventana mientras come tostadas.

muletas - crutches
escayola - plaster (cast)
acostumbrarse - to get used to
apenas - barely
venda - bandage
salto - jump
recién hechas - just made

PREGUNTAS

1) ¿A qué hora se levanta Julián?
    a) 6
    b) 6:30
    c) 7:55
    d) 8

STORY #5 – AMOR ENTRE VECINOS (Rutina Diaria)

2) ¿Por qué va Julián a ese gimnasio?
   a) Porque está cerca
   b) Porque va Lola
   c) Porque tiene piscina
   d) Porque es barato

3) ¿Por qué madruga Lola?
   a) Para ver a Julián
   b) Para sacar al perro
   c) Porque tiene que ir a trabajar
   d) Porque le gusta levantarse pronto

4) ¿Qué le ocurre a Lola en el accidente?
   a) Se rompe un brazo
   b) Se rompe una pierna
   c) Se rompe las dos piernas
   d) No le pasa nada

5) ¿Qué le lleva Julián a Lola para desayunar?
   a) Un café y un trozo de tarta de manzana.
   b) Un café y un trozo de bizcocho.
   c) Un café y unas tostadas de fresa.
   d) Un café y unas tostadas de arándanos.

SOLUCIONES
   1) B
   2) C
   3) A
   4) B
   5) D

Resumen

Julián y Lola son vecinos. Julián se levanta muy temprano todos los días. Siempre sale de casa a la misma hora para poder ver a Lola.

Cada tarde, Lola llega tarde al trabajo. Pasea al perro muy tarde porque quiere ver a Julián.

Él es muy tímido, pero quiere invitar a Lola a salir.

Julián espera a Lola en la calle a la misma hora de todos los días, pero ella no aparece.

Lola ha tenido un accidente de coche y está en el hospital.

Julián la ve llegar a casa con una pierna rota. Se ofrece a pasear a su perro y le lleva el desayuno a su casa.

Summary:

Julián and Lola are neighbours. He wakes up very early every day. He always gets out at the same time so he can see Lola.

Every afternoon, Lola is late for work. She walks her dog very late because she wants to see Julián.

He is very shy, but wants to ask Lola out.

Julián waits for Lola on the street at the same time everyday, but she doesn't show up.

She's had a car accident and she's in the hospital.

Julián sees her coming home with a broken leg. He offers to walk her dog and brings breakfast to her home.

VOCABULARIO

rutina - routine
despejarse - to clear one's head
arándanos - blueberry
red social - social network
puntual - punctual

bata - dressing gown
embelesa (embelesar) - captivates (to captivate)
silbando (silbar) - whistling (to whistle)
trayecto - journey
jornada laboral - workday
descanso - break
compañero/a de trabajo - workmate
lujo - luxury
casero/a - homemade
asequible - affordable
a diario - daily
estupendamente - wonderfully
trozo - piece
bizcocho - sponge cake
galletas - cookies, biscuits
propia - own
afueras - outskirts
piscina – swimming pool
zambullirse – to plunge
un rato - a while
saca a su perro a pasear - walks her dog
se ha atrevido (atreverse) - dared (to dare)
tiene sueño - is sleepy
madrugar - to wake up early
pone el despertador - sets the alarm
persianas - blinds
desperezarse - to stretch out
centro comercial - shopping centre
turnos - shifts
apresurarse - to rush
llegar a tiempo - to be on time
dejar pasar la oportunidad - to miss the opportunity
valiente - brave
se ríe a carcajadas (reir) - he laughs out loud (to laugh)
más que de costumbre - more than usual
quedado dormida - slept in
le desee suerte (desear) - wish him luck (to wish)
ración - portion

STORY #5 – AMOR ENTRE VECINOS (Rutina Diaria)

de reojo - sideways
ladridos - barks
cabizbajo - dejected, downcast
pitido - beep
accidente de tráfico - car accident
rota - broken
golpe - blow
pisó el acelerador(pisar) - stepped on the gas (to step)
evitar – to avoid
semáforo - traffic light
retrasase (retrasar) - delayed (to delay)
chocó (chocar) - crashed (to crash)
vivienda - home
absorto - absorbed
tarta de manzana - apple pie
banco - bench
muletas - crutches
escayola - plaster (cast)
acostumbrarse - to get used to
apenas - barely
venda - bandage
salto - jump
recién hechas - just made

STORY #6 – ASESINATO EN LA PANADERIA (Crimen y Policía)

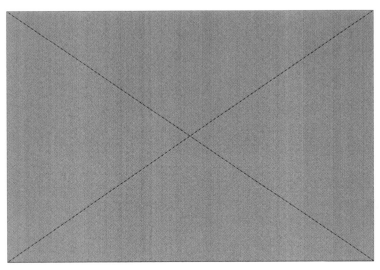

*E*lvira es una mujer mayor. Todo el mundo la conoce porque tiene la única **panadería** del pueblo.

Elvira tiene dos hijas. Sus hijas no quieren a su madre porque ella las trata mal.

La hija mayor se llama Leonor. Tiene el pelo largo y rizado. Ella está casada con un **cerrajero**. La hija menor, se llama Sara. Vive con su marido José. Las dos trabajan mucho en la panadería, pero su madre no les paga nada. Elvira dice que es su obligación ayudar a su madre. Leonor y Sara buscan otro trabajo, pero nadie las **contrata**. Todos los habitantes del pueblo temen a Elvira. Saben que es una mala persona y no quieren **enfurecerla**.

Leonor y Sara están desesperadas. No pueden soportar la situación. Se sienten **secuestradas** por su madre. No saben qué hacer. Sara habla con un amigo. Le dice que algún día **cometerá un crimen**. Ya no sabe qué hacer para escapar.

panadería - bakery
cerrajero/a - locksmith
contrata (contratar) - hire (to hire)
enfurecerla (enfurecer) - to enfuriate her
secuestrado/a - kidnapped
cometerá un crimen (cometer) – will commit a crime (to commit)

Martes 3 de diciembre

— Policía municipal. Le atiende el agente 1257. ¿En qué puedo ayudarle? —un policía responde al teléfono.
— Me llamo José. La madre de mi mujer está muerta.

La policía envía una **ambulancia** y **un médico forense** a la escena del crimen. El pueblo es muy pequeño y no tienen detectives. Normalmente, el **subinspector** Enrique trabaja en la capital. Llega allí lo más pronto que puede.

Sobre los **fogones**, hay una sartén con una tortilla de patata **quemada**. Ha estado mucho tiempo cocinándose. Toda la panadería huele a **humo**. No hay nada fuera de lugar. La puerta no estaba forzada. Tampoco han robado nada. Elvira está tumbada en el suelo encima de un **charco** de sangre. Tiene los ojos abiertos hacia el techo. Ella tiene una expresión de arrogancia en su cara. Enrique no la conoció cuando estaba viva, pero no le gusta lo que ve. No le extraña que la hayan **asesinado**. Parecía muy desagradable.

ambulancia - ambulance
médico forense - coroner
subinspector - junior detective
fogones - stoves
quemado/a - burnt
humo - smoke
charco - puddle
asesinado - murdered

El forense fija la hora de la muerte a la una en punto del mediodía aproximadamente.

— Ha sido **apuñalada** muchas veces — dice —. Necesito llevar el **cadáver** al laboratorio.

Enrique sabe que Elvira tenía muchos enemigos. El jefe de la policía local le había informado de todo lo que sabía. Cualquiera puede ser el **culpable**.

Los vecinos tienen curiosidad. Quieren saber qué ha pasado. Allí nunca sucede nada interesante. Una policía alta **busca huellas**. Necesitan muchas **pruebas** porque no tienen **sospechosos**.

apuñalado/a - stabbed
cadáver - corpse
culpable - guilty
busca huellas (buscar) - looks for fingerprints (to look for)
pruebas - evidences
sospechosos/as - suspects

Enrique se dirige a **comisaría**. Quiere hablar con José. Él fue quien **denunció** el asesinato de Elvira.

— Por favor, cuéntame todo lo que has hecho hoy con detalles. ¿Cuándo fue la última vez que viste a Elvira?
— Esta mañana. Mi mujer, Sara, no podía ir a trabajar. Tiene la **gripe** y no puede tocar la comida.

El subinspector lo mira. Es el primer caso en que trabaja solo y no tiene práctica con los interrogatorios.

— ¿Por los virus? —pregunta.
— Sí. Elvira era una **obsesa** de la **limpieza**. No le habría gustado que Sara fuera a la panadería. Ella no cogía el teléfono, así que fui a decírselo en persona. Estaba **batiendo** huevos.
— ¿Qué hora era?

— Creo que eran las diez de la mañana.
— ¿Parecía asustada? ¿**Notaste** algo raro?
— No. Al mediodía, volví a la panadería. Me había olvidado de mi bufanda. Me llamó estúpido. Me fui enseguida.
— ¿Dónde fuiste después?
— Me fui a casa, con mi mujer. Antes fui a la **farmacia** para comprar su medicación. Estuve media hora.
— Vale. **Comprobaré** tu **coartada**.

comisaría - police station
denunció (denunciar) - he reported (to report)
gripe - flu
obseso/a - obsessed
limpieza - cleanliness
batiendo(batir) - whipping (to whip)
notaste (notar) - did you notice? (to notice)
farmacia - pharmacy
comprobaré (comprobar) - I'll check (to check)
coartada - alibi

Enrique habla con Sara. Sara tiene la nariz roja y lleva un **pañuelo de papel** en la mano. Sara no parece estar triste por el asesinato de su madre.

— ¿Cuándo viste a tu madre por última vez?
— Ayer. Hoy no he salido de casa. Mi marido ha estado casi todo el tiempo conmigo. He hablado por teléfono con mi amiga Sonia a la una menos cuarto.

Sara parece leer la mente de Enrique. Responde a preguntas que Enrique no ha hecho todavía.

Si José y Sara dicen la verdad, ninguno tuvo tiempo de matar a Elvira.

Un policía le pasa un **informe**. Elviratenía mucho dinero y muy pocos amigos. Su muerte beneficiaprincipalmentea sus hijas. En la escena del crimen había muchas huellas. Todas eran de la víctima y de sus hijas. No pueden **exculpar** a nadie.

No hay **testigos** ni pruebas. Incluso si Enrique **descubre** al culpable, no lo puede **demostrar** sin una confesión.

pañuelo de papel - tissue
informe - report
exculpar - to exonerate
testigos - witnesses
descubre (descubrir) - discovers (to discover)
demostrar - to prove

Cuando llega a comisaría, Leonor saluda a la policía alta. **Charlan** amistosamente hasta que llega Enrique. A Enrique esto no le parece profesional. Normalmente, la policía de un pueblo tan pequeño no está **acostumbrada** a **sucesos** tan importantes. Cuando hay algún misterio por **resolver**, llaman a la Policía Nacional. Leonor va acompañada de un **abogado**.

Las personas tienen **derecho** a tener un abogado, pero Enrique sospecha. ¿Por qué tiene ya un abogado? Todavía no la **han detenido**.

— ¿Dónde has estado esta mañana?

El abogado **susurra** algo al oído de Leonor. Enrique conoce la **ley**, pero los abogados le ponen nervioso. Es muy molesto intentar descubrir la **verdad** cuando hay un abogado defensor presente. ¿De qué la **protege**?

Leonor responde con **seguridad**.

charlan (charlar) - chat (to chat)
acostumbrado/a - used to
sucesos - events
resolver - to solve
abogado/a - lawyer
derecho - right
han detenido (detener) - have arrested (to arrest)
susurra (susurrar) - whispers (to whisper)

ley - law, regulation
verdad - truth
protege (proteger) - protects (to protect)
seguridad - conviction

— He estado en casa con mi marido y mi perro. Mis vecinos lo pueden **corroborar**.
— ¿Qué habéis estado haciendo?
— Hemos estado viendo la televisión. Un documental sobre leones.
— Hemos terminado. No tenemos nada más que decir — dice el abogado.

Enrique está seguro de que Leonor miente. **Repasa** los **hechos** mentalmente.

Toda su familia odia a Elvira y todos son sospechosos. La puerta no está forzada. El asesino es alguien que Elvira conocía. Sus dos hijas y sus dos **yernos** tienen muchos motivos para matarla. Elvira murió a la una en punto. Su yerno José la vio por última vez a las doce. Él fue a la farmacia y llegó a casa a las doce y media. Su mujer Sara dice lo mismo. Según su testimonio, no salió de casa, y José llegó a las doce y media. Enrique cree que Sara y José mienten.

Leonor y su marido dicen que no salieron. Su vecina dice que les oyó hablar a través de la **pared**. Todo es muy raro. Todos estaban en casa a la una en punto. Elvira no tenía amigos y todo el mundo la odiaba. Quizá la vecina sea una **cómplice**. Además, el marido de Leonor es cerrajero. Pudo abrir la puerta sin que ella **se diera cuenta**. Su cara… Elvira no estaba asustada. Enrique piensa que Elvira estaba preparada para lo que sucedió. Tenía que saber que, tarde o temprano, alguien intentaría **castigarla** por ser tan mala persona. Enrique no siente **compasión** por Elvira, pero debe ser objetivo. El asesinato es un delito, aunque la víctima se lo **mereciera**.

Un mes después, sigue sin tener ninguna **pista**. Su **comisario** quiere que Enrique vuelva a la capital. El caso no se resolverá nunca.

corroborar - to confirm
repasa (repasar) - he revises (to revise)
hechos - facts
yernos - sons-in-law
pared - wall
cómplice - accomplice
se diera cuenta (darse cuenta) - notices (to notice)
castigarla (castigar) - punish her (to punish)
compasión - sympathy, pity
mereciera (merecer) - deserves (to deserve)
pista - clue
comisario - inspector

Jueves 28 de noviembre

Leonor llora. No hay alternativa. Tendrán más libertad en una **celda** en prisión de la que tienen ahora. Están sentadas a oscuras en la pastelería.

— Tenemos que tomar una decisión. Tenemos que estar unidos. No nos pueden **arrestar** a todos. No pueden saber que somos nosotros si lo hacemos bien —dijo José.
— ¿Cómo puedes hablar así? ¡Es una persona! ¡Es un crimen! ¡Es nuestra madre!
— Se lo merece, Leonor. La sorprenderemos. Será rápido.
— Quiero hacerlo yo. He soñado con esto mucho tiempo. La apuñalaré. Quiero verle la cara mientras lo hago.
— Sara, por favor…
Una chica alta se acerca a Leonor.
— No te preocupes. Nadie os va a **pillar**. Yo buscaré las pruebas. No iréis a la cárcel.
— Yo diré que te llamé por teléfono y que antes de hablar contigo, hablé con José.
— No es sólo por nosotras. Mamá ha hecho daño a mucha gente. Es cruel.
— El martes por la mañana, iré a la panadería. Diré que hemos intentado llamarla y que Sara está enferma. Dejaré la puerta abierta para que Sara pueda entrar discretamente más tarde.

celda - prison cell
arrestar - to arrest
pillar*(colloquial)* - to catch

Jueves 28 de noviembre

Elvira oye a través de la puerta de la cocina. Nadie sabe que está allí. Ha escuchado todo.

Sabe que quieren matarla. Lo sabe desde hace mucho tiempo. Elvira está cansada. Tiene muchos enemigos. Tarde o temprano, alguien intentará castigarla. Elvira es mala pero no es tonta. Sus hijas y yernos han sido muy descuidados. ¿Quién planea un crimen sin comprobar que la víctima no está presente? Elvira no quiere **huir**. Quiere acabarlo todo ya. Aceptará su destino. Pero no quiere que Sara la mate. Eso sería **humillante**. Es una niña tonta y **malcriada**. No quiere hacerla feliz.

Martes 3 de diciembre

Elvira espera en la cocina. Deja que se queme la tortilla. Así es más dramático. Su vida ha sido una aventura. Ella vivió **a su manera** y morirá a su manera.

Abre la puerta. Un **sicario** vestido de negro entra en la cocina. Elvira le da un cuchillo de cocina.

—Anoche vacié mis cuentas bancarias. Ahora todo mi dinero es tuyo. Estoy preparada.

El hombre clava el cuchillo en su pecho.
Elvira sonríe. Se pregunta cómo será el infierno. Seguro que se sentirá como en casa.

descuidados - careless
huir - to flee
humillante - humiliating

a su manera - in his/her own way
sicario - hired assassin

PREGUNTAS

1) ¿Por qué Leonor y Sara no quieren a su madre?
   a) Porque no es su verdadera madre
   b) Porque no la conocen
   c) Porque se divorció de su padre
   d) Porque las trata mal

2) ¿Quién es Enrique?
   a) El marido de Sara
   b) Un subinspector de la capital
   c) Un policía del pueblo
   d) El médico forense

3) ¿A qué hora habla Sara con su amiga Sonia?
   a) 12
   b) 12:15
   c) 12:45
   d) 13:15

4) ¿Con quién va Leonor a la comisaria?
   a) Con su abogado
   b) Con su marido
   c) Sola
   d) Con su hermana

5) ¿Quién mata a Elvira?
   a) Sara
   b) Leonor
   c) Un sicario
   d) No se sabe

SOLUCIONES
   1) D
   2) B

3) C
4) A
5) C

Resumen

Elvira es una mala persona. Trata mal a sus hijas.

Elvira aparece asesinada en su panadería. Sus hijas son las principales sospechosas, pero el detective Enrique no tiene pruebas. Investiga el caso. No sabe quién es el asesino.

Las hijas de Elvira planean el crimen con algunos amigos. Elvira las oye.

Elvira contrata un sicario. Quiere morir a su manera.

Summary:

Elvira is a bad person. She treats her daughters really bad.

Elvira is murdered in her bakery. Her daughters are the main suspects, but detective Enrique has no proof. He investigates the case. He doesn't know who the killer is.

Elvira's daughters plot her murder with some friends. Elvira hears them.

Elvira hires an assassin. She's going to die in her own way.

VOCABULARIO

panadería - bakery
cerrajero/a - locksmith
contrata (contratar) - hire (to hire)
enfurecerla (enfurecer) - to enfuriate her
secuestrado/a - kidnapped
cometerá un crimen (cometer) - commit a crime (to commit)
ambulancia - ambulance

médico forense - coroner
subinspector - junior detective
fogones - stoves
quemado/a - burnt
humo - smoke
charco - puddle
asesinado - murdered
apuñalado/a - stabbed
cadáver - corpse
culpable - guilty
busca huellas (buscar) - looks for fingerprints (to look)
pruebas - evidence
sospechosos/as - suspects
comisaría - police station
denunció (denunciar) - he reported (to report)
gripe - flu
obseso/a - obsessed
limpieza - cleanliness
batiendo(batir) - whipping (to whip)
notaste (notar) - did you notice? (to notice)
farmacia - pharmacy
comprobaré (comprobar) - I'll check (to check)
coartada - alibi
pañuelo de papel - tissue
informe - report
exculpar - to exonerate
testigos - witnesses
descubre (descubrir) - discovers (to discover)
demostrar - to prove
charlan (charlar) - chat (to chat)
acostumbrado/a - used to
sucesos - events
resolver - to solve
abogado/a - lawyer
derecho - right
han detenido (detener) - have arrested (to arrest)
susurra (susurrar) - whispers (to whisper)
ley - law, regulation
verdad - truth

protege (proteger) - protects (to protect)
seguridad - conviction
corroborar - to confirm
repasa (repasar) - he revises (to revise)
hechos - facts
yernos - sons-in-law
pared - wall
cómplice - accomplice
se diera cuenta (darse cuenta) - notices (to notice)
castigarla (castigar) - punish her (to punish)
compasión - sympathy, pity
mereciera (merecer) - deserves (to deserve)
pista - clue
comisario - inspector
celda - prison cell
arrestar - to arrest
pillar*(colloquial)* - to catch
descuidados - careless
huir - to flee
humillante - humiliating
a su manera - in his/her own way
sicario - hired assassin

STORY #7 – LAS APARIENCIAS ENGAÑAN (Descripción y Belleza)

L os dos nos sentamos junto a la **chimenea**. Hace mucho frío y el fuego nos calienta.

La miro, y me pregunto qué he hecho para **merecerla**.

Tiene el pelo rizado y brillante, como una larga **capa** dorada. Cuando caminamos por la calle, todos los hombres, y algunas mujeres, se **giran** para mirarla. Es tan hermosa… Es la octava **maravilla** del mundo.

chimenea - fireplace
merecerla (merecer) - deserve her (to deserve)
capa - cape
giran (girar) - turn (to turn)
maravilla - wonder

Todas las noches la observo. Ella no duerme nunca. Dice que el tic-tac del reloj es **ensordecedor**.

Cuando yo me despierto, ella está levantada.

Está sentada en una silla blanca. Sus piernas son largas y delgadas. Sólo lleva puestos unos **zapatos de tacón** rojos. Ella se mira en el espejo y me sonríe, pero no me habla. Se está **maquillando**.

ensordecedor - deafening
zapatos de tacón - heeled shoes, heels.
maquillando (maquillarse) - putting on make-up (to put on make-up)

Cuando se maquilla, no quiero molestarla. Es un proceso largo, pero hipnotizador. Es **increíble** ver cómo alguien como ella se transforma en esa preciosa mujer a la que todos adoran.

Se pinta los labios. El **pintalabios** es de color rojo intenso y **le queda** muy **bien**. Normalmente se pinta los labios de color marrón, pero hoy es un día especial.

— Hoy vamos de **caza** — me dice con su voz **aguda**, sonriente.

increíble - unbelievable
pintalabios - lipstick
le queda bien (quedar) - it suits her well (to suit)
caza - hunting
agudo/a - high-pitched

A veces, le gusta salir y conocer hombres. Cuando ella se **acerca** a un hombre, éste no cree su **suerte**. Ella es guapa y delgada. Parece muy alta porque siempre lleva zapatos de tacón alto. Su pelo a lo afro le **regala** algunos centímetros de altura. Ella **parpadea** lentamente, y sin haber dicho nada, él le pertenece a ella.

acerca (acercarse) - gets close (to get close)
suerte - luck
regala (regalar) - give (to give)
parpadea (parpadear) - blinks (to blink)

Ella se pone **máscara de pestañas**. Sus ojos son grandes y de color marrón claro. Cuando es de día, sus ojos parecen amarillos. Ella aplica **sombra de ojos** dorada y me mira. Parece un enorme y **bello** cocodrilo.

Ella **perfila** su nariz **puntiaguda**. A ella no le gusta su nariz. Dice que es demasiado grande, pero yo creo que es perfecta.

— Nadie **presta atención** a tu nariz — digo. No me gusta cuando se enfada o cuando está triste. Cuando no es feliz, es muy cruel **conmigo**.

máscara de pestañas - mascara
sombra de ojos - eyeshadow
bello/a - beautiful
perfila (perfilar) - contours (to contour)
puntiagudo/a - sharp
presta atención (prestar atención) - pay attention (to pay attention)
conmigo - with me

Sus **pómulos** son grandes y se sonrojan frecuentemente, pero **de todos modos,** utiliza **colorete**. Todos los hombres adoran el contraste del **rubor** de sus **mejillas** contra su negra piel. Ellos creen que ella es **tímida**, pero ella está **actuando**. Ella controla cada movimiento de su cuerpo. Cuando parpadea, cuando **respira**... Yo creo que a veces **olvida** que necesita oxígeno para vivir, y que sería más feliz viviendo en el **fondo** de un lago.

pómulos - cheekbones
de todos modos - anyway
colorete - blusher
rubor - blushing
mejillas - cheeks
tímido/a - shy
actuando (actuar) - acting (to act)
respira (respirar) - breathes (to breath)
olvida (olvidar) - forgets (to forget)
fondo - bottom

— ¿Crees que soy guapa? — me pregunta.
— Sí. Tú eres la mujer más guapa del planeta — digo. A ella le encanta que le digan cosas bonitas. Ella no es **insegura,** pero pretende serlo. Ella siempre dice que a los hombres **débiles** les gustan las chicas inseguras. Y a ella, le gustan los hombres débiles.
— Tengo mucha hambre — me dice. Ella no come nada durante el día. Ella quiere estar delgada y ponerse vestidos **ajustados.** Ella siempre espera a volver a casa para comer.
    Ella se pone un vestido rojo y parece una modelo.

    Nosotros salimos de casa en silencio. Vivimos a las **afueras** de una gran ciudad turística. Los bares y discotecas están abiertos todas las noches, y ella puede conquistar a un hombre gordo y **baboso** diferente cada día.

inseguro/a - insecure
débiles - weak
ajustados/as - tight
afueras - outskirts
baboso *(colloquial, pejorative)* - creep

    Todo el mundo me mira. Comparado con ella, yo tengo apariencia de monstruo. Yo soy bajo. Mido un metro y cincuenta centímetros. Antes era un poco más alto, pero el trabajo duro y la mala alimentación han hecho que me salga **joroba.** Tengo la nariz muy grande y **aguileña**. Aunque ya tengo cincuenta años, tengo muchos **granos** en la cara. Ella se ríe a menudo de mi apariencia física y de mis **complejos.**

— Eres demasiado guapo para mí — me dice a veces —. Mira a los hombres que me gustan. Todos son **asquerosos** y vulgares. Por eso no me gustas nada.

joroba - hump
aguileña - hooked nose
granos - pimples
complejos - complexes
asquerosos/as - disgusting

Ella sabe que en el fondo, estoy enamorado de ella. Es muy intuitiva.

Cuando me conoció, yo era uno de sus hombres débiles. Ella bailaba con mi amigo Alfredo, pero yo no podía parar de mirarla. Ella bailaba como un ángel. Sus piernas eran igual de largas que ahora. Llevaba el pelo liso. Llevaba un vestido azul y zapatos de color naranja.

Alfredo siempre fue muy popular entre las mujeres. Yo me sentaba en la **barra del bar** mirando cómo las seducía. Siempre sentí envidia. Él era muy diferente a mí. Era alto y musculoso. Tenía la **mandíbula** angular y mucho pelo. Yo soy muy pequeño, y entonces ya era **calvo**.

Alfredo nos presentó a ella y a mí. Ella era **amable** y tenía los labios **carnosos**. Era **dulce** y **cariñosa**. Me enamoré de ella en ese instante. Yo sabía que Alfredo se quería **aprovechar** de ella. Yo era un **cobarde,** pero estaba enamorado. Alfredo sólo quería su cuerpo. Ella tenía el pelo rubio y la piel **pálida**. Sus ojos eran del mismo color que ahora: marrón claro, casi ámbar. Su nariz era larga, pero **pecosa**. Ella tenía las cejas delgadas y arquea-das, y los dientes blancos y rectos.

barra del bar - bar counter
mandíbula - jaw
calvo/a - bald
amable - kind
carnosos/as - full
dulce - sweet
cariñoso/a - loving
aprovechar - to take advantage
cobarde - coward
pálido/a - pale
pecoso/a - freckled

Ella es inteligente y sabe aprovechar su cuerpo. Alguna vez ha sido fea, pero nadie lo ha **notado**. Ella siempre se viste de forma elegante y provocativa. No la he visto nunca sin zapatos de tacón o pintalabios.

Aquella noche, Alfredo puso algo en su bebida. No pude ver qué era. Me asusté mucho. No era la primera vez que hacía eso con una chica, pero esta vez era diferente. Era ella. Ellos fueron a su casa y yo, **escondido**, fui detrás de ellos en mi coche. Cuando llegué allí, no pude hacer nada. Ya era tarde.

Esta noche es una noche especial. Ella cree que puede cazar más de un hombre. Como estoy aquí, sabe que puedo ayudarla.

— Me estoy muriendo de hambre — me dice.
— Vamos ya a casa — le digo. Estoy cansado, y yo también tengo hambre. Ella sólo me da sus sobras. A veces, no como nada en una semana.

Vamos a casa con los dos hombres. Ellos no me miran. Están hipnotizados con ella. Cuando llegamos a casa, cierro la puerta y las ventanas. Bajo las **persianas** y subo la temperatura de la **calefacción**. A ella le gusta mucho el calor.

Observo a los hombres. Uno es muy pequeño y calvo, como yo. No puedo ver sus ojos porque lleva gafas de sol. Es delgado y tiene un diente de oro. El otro es alto y muy gordo. Lleva los pantalones azules muy ajustados y un cinturón de cuero marrón. Su camisa es de licra rosa. También lleva puesto una chaqueta negra. Su cara es muy vulgar. No tiene ningún diente de oro, pero sus **patillas** son muy largas y lleva puesto un pendiente en la oreja izquierda. Los dos **babean** al mirarla a ella. Dos segundos después, ella se quita el vestido y los zapatos de tacón. Los dos gritan con miedo. Ella coge sus orejas y **estira**. **Se desnuda** de su piel humana. Los tres la vemos como es en realidad. Un bello cocodrilo con forma de mujer humana. Sus piernas son largas y delgadas, y sus ojos son de color marrón claro, casi amarillos. Su nariz, larga y puntiaguda. Ella se sonroja. Yo adoro el contraste del rubor de sus mejillas contra su verde y **escamosa** piel. Los dos hombres intentan escapar, pero yo les paro. Ella tiene hambre, y yo también.

Yo recuerdo cuando la vi por primera vez. Alfredo gritaba con miedo, igual que estos dos hombres. Pero yo no le ayudé. Estaba muy asustado, pero estaba enamorado. Cuando ella vio que yo no hacía nada, me sonrió.

notado (notar) - noticed (to notice)
escondido (esconderse) - hidden (to hide)
persianas - blinds
calefacción - heating
patillas - sideburns
babean (babear) - drool (to drool)
estira (estirar) - pulls (to pull)
se desnuda (desnudarse) - she gets naked (to get naked)

— Vamos a ser amigos — me dijo —. Necesito un **compañero**.

Yo la acompaño cuando sale de caza. Cada noche tiene una apariencia distinta. Cada tarde, la miro cómo se maquilla y cómo se **afeita** las piernas en la bañera. Le gusta mucho bañarse. Puede estar más de una hora bajo el agua sin respirar.

Después, se pone su piel humana y sus zapatos de tacón. Los dos nos sentamos enfrente de la chimenea. Hace mucho frío y el fuego nos calienta. Ella siempre tiene frío. La miro, y me pregunto qué he hecho para merecerla.

Hoy, ella tiene el pelo rojo, corto y liso. Es muy brillante, como un sombrero de rayos de sol. Su piel está morena, y en su nariz larga y puntiaguda lleva un *piercing*. En su brazo derecho, tiene un tatuaje. Es una rosa roja con **espinas** y un tulipán amarillo. Cuando salgamos a la calle, todos los hombres, y algunas mujeres, se girarán para mirarla. Ninguno entenderá por que caminamos los dos juntos.

Ella me mira.
— Tengo mucha hambre — me dice.

Yo me levanto del sofá y voy a la cocina. Abro la nevera y cojo un brazo muy largo y gordo. La mano tiene las **uñas sucias** y **descuidadas**. A ella no le importa. Se quita su piel humana otra vez y abre su boca grande de caimán. Cuando ella es feliz, es muy amable conmigo.

compañero/a - partner, mate
afeita (afeitarse) - shaves (to shave)
espinas - thorns
uñas - nails
sucios/as - dirty
descuidados/as - unkempt

PREGUNTAS

1) ¿Qué parte de su cuerpo no le gusta a la chica del texto?
    a)   Sus piernas
    b)   Su boca
    c)   Su nariz
    d)   Su pelo

2) ¿Qué siente el narrador del texto por la mujer?
    a)   Asco
    b)   Amor

c) Miedo
d) Indiferencia

3) ¿Quién puso algo en la bebida de la chica?
a) El protagonista de la historia
b) Una amiga
c) El hombre gordo
d) Alfredo

4) ¿Qué es en realidad la mujer?
a) Un cocodrilo
b) Un extraterrestre
c) Un hombre
d) No se sabe

5) ¿Qué saca de la nevera el protagonista de la historia para alimentar a la mujer?
a) Una manzana
b) Un vaso de leche
c) Un pollo
d) Un brazo humano

SOLUCIONES
1) C
2) B
3) D
4) A
5) D

Resumen

El personaje principal explica cómo está enamorado de la mujer con la que vive. Cada noche, él observa cómo se viste y se maquilla. Ella es muy guapa. Ellos salen de caza y ella baila con dos hombres. Los dos son muy feos y babosos. Él recuerda cuando la conoció. Vuelven todos a casa y ella se quita su piel humana. Es un cocodrilo. Se come a los dos hombres.

Summary:

The main character explains how he's in love with the woman he lives with. She's gorgeous. Every night, he observes how she puts on her make up and how she gets dressed. They go "hunting" and she dances with two men. They are both very ugly and drooling. He remembers how he met her. They all go home together. There, she takes off her human skin and reveals she's actually a human-shaped crocodile. She eats the two men.

VOCABULARIO

chimenea - fireplace
merecerla (merecer) - deserve her (to deserve)
capa - cape
giran (girar) - turn (to turn)
maravilla - wonder
ensordecedor - deafening
zapatos de tacón - heeled shoes, heels.
maquillando (maquillarse) - putting on make-up (to put on make-up)
increíble - unbelievable
pintalabios - lipstick
le queda bien (quedar) - it suits her well (to suit)
caza - hunting
agudo/a - high-pitched
acerca (acercarse) - gets close (to get close)
suerte - luck
regala (regalar) - give (to give)
parpadea (parpadear) - blinks (to blink)
máscara de pestañas - eye mascara
sombra de ojos - eyeshadow
bello/a - beautiful
perfila (perfilar) - contours (to contour)
puntiagudo/a - sharp
presta atención (prestar atención) - pay attention (to pay attention)
conmigo - with me

pómulos - cheekbones
de todos modos - anyway
colorete - blusher
rubor - blushing
mejillas - cheeks
tímido/a - shy
actuando (actuar) - acting (to act)
respira (respirar) - breathes (to breath)
olvida (olvidar) - forgets (to forget)
fondo - bottom
inseguro/a - insecure
débiles - weak
ajustados/as - tight
afueras - outskirts
baboso *(colloquial, pejorative)* - creep
joroba - hump
aguileña - hooked nose
granos - pimples
complejos - complexes
asquerosos/as - disgusting
barra del bar - bar counter
mandíbula - jaw
calvo/a - bald
amable - kind
carnosos/as - full
dulce - sweet
cariñoso/a - loving
aprovechar - to take advantage
cobarde - coward
pálido/a - pale
pecoso/a - freckled
notado (notar) - noticed (to notice)
escondido (esconderse) - hidden (to hide)
persianas - blinds
calefacción - heating
patillas - sideburns
babean (babear) - drool (to drool)
estira (estirar) - pulls (to pull)

se desnuda (desnudarse) - she gets naked (to get naked)
compañero/a - partner, mate
afeita (afeitarse) - shaves (to shave)
espinas - thorns
uñas - nails
sucios/as - dirty
descuidados/as - unkempt

STORY #8 – LAS LUCES NOCTURNAS (Vacaciones)

Me llamo Juan, y siempre que puedo, viajo a La Manga del mar Menor. La Manga es una zona turística en Murcia, España. Es un trozo de tierra **alargado** que separa el mar Menor del mar Mediterráneo. Cada verano, miles de personas vienen de vacaciones. Hace dos años, yo era un turista normal. Yo vine desde Madrid a **tomar el sol** y a comer paella, pero encontré mucho más.

alargado/a - long, lengthened
tomar el sol - to sunbathe

Cuando miras al cielo de La Manga, a veces, y sólo a veces, puedes ver un objeto brillante volar hacia ti rápidamente. Es un objeto con forma triangular o **redondo**, como un gran plato de porcelana. La **mayoría** de los turistas vienen de Madrid o de Inglaterra. No vienen a absorber la cultura del lugar ni a salir de fiesta. En La Manga no se puede hacer nada más que tomar el sol en las dos largas playas que rodean la zona, **disfrutar** del calor y leer en los balcones hasta quedarse dormido. Allí no hay música ni ningún monumento interesante. Algunas veces, los turistas suben a un barco que les lleva a una isla. El agua de sus playas tiene tanta sal que es imposible **hundirse**. En La Manga sólo hay calma. Lo único excitante que pasa allí es que te **pique** una **medusa**. El calor sofocante y la contaminación hacen que, a veces, los turistas no puedan bañarse en el mar y tengan que ir a las piscinas de sus hoteles. El cielo de verano está negro y la única luz en la calle es la Luna. Casi todos los turistas duermen en sus hoteles, **hostales** o apartamentos **alquilados**. Algunos beben cerveza en un bar de la gran Plaza Bohemia. En ella, los **vendedores** recogen sus tiendas del **mercado ambulante**. Pero por la noche, cuando no puedes **quedarte dormido**, tu libro es muy aburrido o tu cerveza se ha quedado caliente, si miras al horizonte puedes ver uno de esos objetos brillantes volar, **sumergirse** en el mar Menor entre las incontables y blancas medusas, pasar por debajo de La Manga, y salir por el mar Mediterráneo. Puedes ver cómo los objetos voladores **se alejan.** Cuando vi este espectáculo por primera vez, me alegré de que mi novela de ciencia ficción fuese tan aburrida y de que mi cerveza se hubiese quedado caliente. Si hubiera dejado de mirar el horizonte durante dos segundos, no podría haberlo visto. Pero lo vi. Aquel libro de William Tenn me hizo abrir los ojos, mirar hacia el final del mar y ver que la realidad era más interesante que cualquier humano viviendo en la pared de la casa de un extraterrestre.

redondo/a - round
mayoría - majority
disfrutar – to enjoy
hundirse - to sink
pique (picar) - sting (to sting)

medusa - jellyfish
hostales - inn
alquilados/as - rented
vendedores - sellers
mercado ambulante - traveling market
quedarte dormido (quedarse dormido) - fall asleep (to fall asleep)
sumergirse - to submerge

Al día siguiente, fui a la playa. Alquilé un **patín** y, yo sólo, pedaleé mar adentro. La mañana era clara y el sol brillaba alto y rojo en el cielo azul. Después de cinco minutos pedaleando, miré hacia la playa y me di cuenta de que casi no me había movido. Seguía rodeado de niños con **flotador** y mujeres sin la parte de arriba del bikini jugando al tenis de playa. Yo ya estaba cansado y mis piernas **ardían** de **dolor**. Me **prometí** a mí mismo en silencio hacer más ejercicio en el futuro, bajé del patín y lo empujé hasta que el agua me llegó al pecho. Volví a subir al pedal y empecé a cantar un éxito del verano para **distraerme** del dolor. Quería **bucear** hasta el punto exacto donde vi desaparecer el **ovni**, pero sospeché que quizá, considerando mi precario estado físico, me **ahogaría** antes en mi propio **sudor** o en mis **lágrimas**. Pedaleé sin parar, respirando muy fuerte, hasta llegar a mi destino. Aquel lugar parecía una isla hecha con medusas en lugar de **arena**. Salté al agua y buceé hacia abajo. La densidad del agua hacía que fuera muy difícil. Las medusas me picaban y el sol me **quemaba** la piel. Diez minutos después, desistí. Debajo del agua no pude ver nada. Volví a la casa de alquiler. El viaje de vuelta me pareció eterno. Llegué a la playa y me **tumbé** sobre una toalla grande y de color verde. Me dolía la piel, la cabeza y las piernas, pero no podía moverme. Un hombre de treinta años aproximadamente se acercó a mí. Llevaba una bolsa llena de gafas de sol y crema solar.

patin - pedalo, paddle boat
flotador - float, rubber ring
ardían (arder) - burned (to burn)
dolor - pain

STORY #8 – LAS LUCES NOCTURNAS (Vacaciones)

prometí (prometer) - promised (to promise)
distraerme (distraerse) - to distract myself (to distract)
bucear - to dive
ovni - UFO
ahogaría (ahogar) - will drown (to drown)
sudor - sweat
lágrimas - tears
arena - sand
quemaba (quemar) - burnt (to burn)
tumbé (tumbarse) - laid down (to lay down)

— Las gafas de sol cuestan cinco euros. La **crema solar** vale siete euros. Los masajes valen quince euros.

En las playas, en verano, mucha gente vende gafas y otros productos para turistas **perezosos**. Casi todas las personas se acuerdan de ponerse crema de sol antes de ir a la playa y no necesitan que un extraño les dé un masaje en la espalda delante de todo el mundo. Pero casi todas las personas van a la playa a tomar el sol, a leer una novela de ciencia ficción y a beber una cerveza fría, y no tienen que pensar en extraterrestres invadiendo la Tierra y matando a toda la **civilización**, ni en patines de alquiler, ni en blancas y agresivas medusas.

crema solar - sun screen
perezosos/as - lazy
civilización - civilisation/civilization

Miré al hombre como si fuera un dios, y le pedí que me echara crema solar, y que me diera un masaje en las piernas. Yo quería dormir, **descansar** y olvidar aquella nave espacial. También quería volver a casa, coger mi **maleta** y comprar un **billete** de tren para volver a Madrid. En ese momento, el hombre me preguntó si estaba bien. Me sentí triste y humillado, así que le conté por qué mi piel estaba tan roja y por qué no llevaba crema solar.

Él se rió muy alto. Él era muy **moreno** y tenía el pelo rubio muy claro, un poco largo y liso. Era guapo y delgado. Llevaba un

bañador azul con flores rosas. Parecía un *surfista* de Australia. Mientras me tocaba la pierna, me contó que él también había visto los ovnis.

descansar - to rest
maleta - suitcase
billete - ticket
moreno/a - tanned
bañador - swimsuit

— Pero no son naves extraterrestres — me dijo —. Son aviones militares. El ejército hace pruebas con ellos. Debajo de La Manga, hay un túnel. Los militares quieren que sus aviones **vuelen** bajo el mar.

El hombre alemán se volvió a reír.

— No se puede volar bajo el mar. Se vuela en el aire — dije yo. Yo estaba muy confundido. Me sentía muy tonto al creer en los extraterrestres.
Él me sonrió:

— Vamos a beber algo en un bar. Pareces estar muy cansado. ¡Estás de vacaciones! No tendrías que estar cansado. Las vacaciones son para descansar y **relajarse**.

— Yo no quiero ir a la terraza de un bar a beber cerveza. Quiero volver a Madrid. Allí, puedo ir al Museo del Prado a ver las pinturas de Francisco de Goya, y puedo ir al Parque del Retiro y caminar **descalzo** por el **césped**. Por las noches, las **farolas** y las luces de los coches no dejan ver los aviones militares en el cielo. Cuando necesito ir a cualquier parte de la ciudad, salgo a la calle y **pido un taxi**. Hay autobuses, y el **metro** conecta toda la ciudad. No necesito pedalear ni bucear para llegar al trabajo.

El hombre alemán sonreía. Tenía los dientes muy blancos y los ojos azules.

STORY #8 – LAS LUCES NOCTURNAS (Vacaciones)

— No vamos a ir a la terraza de un bar — me dijo —. Hoy va a llover.

Los dos fuimos a su casa, y nos sentamos en su sofá. Él preparó una jarra grandísima de sangría y la sirvió en dos copas de color azul.

vuelen (volar) - fly (to fly)
relajarse - to relax
descalzo/a - barefoot
césped - grass
farolas - streetlights
pido un taxi (pedir) - order/call a taxi (to order/call)
metro – subway/underground

— Tengo que ir a casa antes de que empiece a llover. Además, esto es muy aburrido y estoy leyendo un libro de fantasía muy interesante — mentí.

El alemán no dijo nada, pero abrió las ventanas completamente y se apoyó en la **repisa**.

Cinco segundos después, empezó la **tormenta**. Las nubes negras taparon el rojo sol, y las calles se mojaron. Hacía mucho aire, y mucho calor. **Se fue la luz.** Esa fue la tormenta de verano más increíble que he visto nunca.

— Mira por la ventana — me dijo, y señaló a izquierda y derecha. En el lado izquierdo, estaba el mar Menor. En el lado derecho, estaba el mar Mediterráneo. Normalmente, el mar Menor es muy calmado y nunca hay **olas**. Es, básicamente, un lago salado. El Mediterráneo es calmado, pero cuando hace un poco de aire, tiene algunas olas pequeñas. Pero ese día de tormenta, los dos mares estaban **salvajes**. Las olas eran cada vez más altas, y en un momento, una ola del mar Menor y una ola del mar Mediterráneo se juntaron en la zona más **estrecha** de La Manga. En ese momento, cinco luces redondas y brillantes aparecieron en el cielo negro, entre las nubes de tormenta y los **relámpagos**. Los aviones volaban muy deprisa, se sumergieron en el mar Menor, pasaron por debajo de nosotros, y salieron por el mar Mediterráneo.

— ¿Alguna vez has visto esto en Madrid?

Hoy, miro desde la ventana de mi apartamento en Madrid. Está **amaneciendo**. Dentro de una hora, cogeré un autobús a Murcia y volveré a La Manga. Juntos, nos tumbaremos en sus **tumbonas** y miraremos a derecha e izquierda, esperando que se junten las olas.

repisa - corbel
tormenta - storm
se fue la luz - the lights went out/off
olas - waves
salvajes - wild
estrecha/o - narrow
relámpagos - lightning bolts
amaneciendo (amanecer) - begining to get light (begin to get light)
tumbonas - deck chairs

PREGUNTAS

1) ¿Dónde está La Manga del mar Menor?
    a) En Madrid
    b) En Murcia
    c) En Inglaterra
    d) No se dice

2) ¿Qué puedes ver en La Manga por la noche si miras al horizonte?
    a) Pájaros
    b) Barcos
    c) Objetos brillantes voladores
    d) Nada, está muy oscuro

3) ¿Por qué alquiló un patín al día siguiente?
   a) Para buscar el lugar donde aterrizó el ovni
   b) Para buscar el lugar donde viven las medusas
   c) Para hacer ejercicio
   d) Porque estaba aburrido

4) ¿Qué le dijo el hombre alemán sobre los objetos?
   a) Que eran helicópteros con turistas
   b) Que eran barcos
   c) Que estaba loco
   d) Que eran aviones militares

5) ¿Desde dónde vieron por la noche los aviones?
   a) Desde la playa
   b) Desde la casa del protagonista
   c) Desde la casa del alemán
   d) Desde la terraza de un bar

SOLUCIONES
   1) B
   2) C
   3) A
   4) D
   5) C

Resumen:

Juan vive en Madrid pero, en vacaciones, viaja a La Manga. La Manga es un sitio muy tranquilo entre el mar Menor y el Mediterráneo. Por las noches, la gente duerme en sus hoteles o bebe cerveza en las terrazas de los bares. Hace tiempo, de noche, Juan miró al cielo y vio unos ovnis sumergirse en el mar Menor y salir por el mar Mediterráneo. Al día siguiente, Juan buceó hasta el lugar pero no pudo ver nada. Cansado y decepcionado, habló con un hombre alemán sobre eso. El hombre le dijo que él también había visto los ovnis, pero que no eran naves extraterrestres, sino aviones militares. El hombre alemán le invita a su casa para que pueda ver mejor el mar y los aviones.

Summary:

Juan lives in Madrid, but he spends his holidays in La Manga. La Manga is a very quiet place between the Menor Sea and the Mediterranean Sea. During the night, people sleep in their hotels or drink beer on a bar terrace. Some time ago, at night, Juan looked at the sky and saw some UFOs submerging into the mar Menor and emerging from the Mediterranean sea. The next day, Juan goes to the beach and dives, trying to find the spot, but couldn't see anything. Tired and disappointed, he spoke with a German man who tells him he's seen them too, but that they are actually military planes. The German man invites him to his house so he can see the sea and the planes better.

VOCABULARIO

alargado/a - long, lengthened
tomar el sol - to sunbathe
redondo/a - round
mayoría - majority
disfrutar – to enjoy
hundirse - to sink
pique (picar) - sting (to sting)
medusa - jellyfish
hostales - inn
alquilados/as - rented
vendedores - sellers
mercado ambulante - traveling market
quedarte dormido (quedarse dormido) - fall asleep (to fall asleep)
sumergirse - to submerge
patin - pedalo, paddle boat
flotador - float, rubber ring
ardían (arder) - burned (to burn)
dolor - pain
prometí (prometer) - promised (to promise)
distraerme (distraerse) - to distract myself (to distract)

bucear - to dive
ovni - UFO
ahogaría (ahogar) - will drown (to drown)
sudor - sweat
lágrimas - tears
arena - sand
quemaba (quemar) - burnt (to burn)
tumbé (tumbarse) - laid down (to lay down)
crema solar - sun screen
perezosos/as - lazy
civilización - civilisation/civilization
descansar - to rest
maleta - suitcase
billete - ticket
moreno/a - tanned
bañador - swimsuit
vuelen (volar) - fly (to fly)
relajarse - to relax
descalzo/a - barefoot
césped - grass
farolas - streetlights
pido un taxi (pedir) - order/call a taxi (to order/call)
metro - subway
repisa - corbel
tormenta - storm
se fue la luz - the lights went out/off
olas - waves
savajes - wild
estrecha/o - narrow
relámpagos - lightning bolts
amaneciendo (amanecer) - begining to get light (begin to get light)
tumbonas - deck chairs

STORY #9 – LA VIDA EN EL HOSPITAL
(Meses y Estaciones)

*E*s marzo. Disfruto de los últimos días de **invierno** desde la ventana de mi habitación en el hospital. Después de un invierno muy frío, espero poder volver a ver los árboles llenos de **hojas** verdes y de flores blancas. Ya noto que las **enfermeras** han bajado la temperatura de las habitaciones, y ya no me despierto a causa del calor por las noches. Ahora, me **tapo** con la sábana blanca y leo con la ventana **entreabierta**. De vez en cuando, la suave **brisa** trae el ruido del **claxon** de un coche y me distrae de mi libro.

invierno - winter
hojas - leaves
enfermeros/as - nurses
tapo - cover
entreabierta - half-open
brisa - breeze
claxon- horn

STORY #9 – LA VIDA EN EL HOSPITAL (Meses y Estaciones)

Hoy es día diez de abril. Mi hija Agnes ha venido a verme. Lleva el **chubasquero** azul claro que le regalé hace dos años. En la calle, está lloviendo mucho, y se ha mojado en el corto paseo que hay desde el **aparcamiento** al aire libre del hospital al **vestíbulo**. Una enfermera la mira enfadada al ver el pequeño charco que se ha formado a sus pies. Le pido que abra la ventana. Me encanta el olor a tierra **mojada** y a los pinos que hay **alrededor** del edificio. Cuando abre la ventana, siento que por fin estoy **respirando** oxígeno y no **enfermedad**.

chubasquero - raincoat
aparcamiento - car park, parking lot
vestíbulo - hall
mojado/a - wet
alrededor - around
respirando - breathing
enfermedad - illness

El **aroma** de los árboles en flor y los pájaros que cantan me despiertan por la mañana. Es un perfecto día de mayo. Cuando miro por la ventana, veo a mi hija Agnes aparcar su coche amarillo a través del **cristal**. El coche, además de feo, es **inconfundible**. Cuando se lo compró me reí del color y dije que era **ridículo**, pero ahora me alegra poder verlo en la distancia. Agnes abre la puerta de mi habitación. Lleva un vestido rosa y zapatillas de deporte. En sus manos lleva flores rojas. Creo que son de nuestro jardín. Echo de menos **cuidar** de nuestras plantas y **regar** el **césped**.

Aroma - scent
Cristal - glass
Inconfundible - unmistakable
Ridículo - ridiculous
Cuidar - to look after
Regar - to water (plants)
Césped - grass

Me levanto con mucho calor. Por un momento, olvido que estoy en el hospital y creo estar en el infierno. Me despierto en un charco de **sudor**. Me duele el pecho, y el **pulsómetro** hace un ruido extraño. Una enfermera viene corriendo y me dice que todo está bien. Ha sido el calor. Solamente es junio, pero ya **echo de menos** la **primavera**. Hoy viene a verme mi hija. Lleva una bolsa de plástico llena de cerezas de nuestro jardín. Son tan dulces… Ella me pregunta cuánto tiempo voy a estar aquí. La verdad, no lo sé. No le digo el incidente de esta mañana. No quiero que **se preocupe**. Debajo del vestido, lleva un bikini rojo. Después del hospital, irá a las **piscinas** municipales.

sudor - sweat
pulsómetro - pulsometer
echo de menos (echar de menos) - miss (to miss)
primavera - spring
se preocupe (preocuparse) - she worries (to worry)
piscinas - swimming pools

Hoy me despierta el ruido. En el vestíbulo, las enfermeras hablan y ríen. Es el cumpleaños de una de ellas. Una enfermera joven me trae un plato de papel con un **trozo de tarta**. Antes de salir, abre la ventana. Ya es julio, y llevo más de cinco meses hospitalizado. Por la ventana abierta oigo el motor de los coches en la **carretera**, y a una mujer jugando con una niña pequeña. Seguramente, la niña es demasiado pequeña para entrar al hospital, y las dos están **esperando** a alguien. Está **atardeciendo**, y mi habitación blanca se ilumina con luz roja y violeta. Me gustaría poder salir fuera en **silla de ruedas**, pero mi doctora dice que mi **salud** está demasiado delicada. Empiezo a leer un nuevo libro. Desde que estoy aquí, he leído al menos siete libros. En un hospital, sin poder moverme, leer es mi único **pasatiempo**.

trozo de tarta - piece of cake
carretera - road
esperando (esperar) - waiting (to wait)
atardeciendo (atardecer) - getting dark (to get dark)
silla de ruedas - wheel chair

salud - health
pasatiempo - hobby

Hoy, cuando me he despertado, mi hija estaba en mi habitación. Ha traído un **cactus** y lo ha puesto encima de la mesa. Una empleada del hospital me ha traído el desayuno. Mientras yo me bebía mi café con leche, mi hija leía en voz alta el periódico. El mundo sigue **girando** mientras yo estoy aquí, en mi cama. Hace mucho calor. Hace tiempo que no llueve. El calor del verano está quemando las hojas de los pinos, y en mi habitación, las sábanas **se pegan** a mi piel por el sudor. Necesito que termine agosto pronto. Agnes lleva un pantalón corto y unas **sandalias** de tacón negras. Está usando sus gafas de sol a modo de **diadema**. Me enseña fotos de nuestra casa y de nuestro perro en su teléfono móvil. Echo de menos mi vida normal. Mi médica dice que, si sigo **mejorando**, podré volver a casa pronto.

cactus - cactus
girando (girar) - spinning (to spin)
se pegan (pegar) - stick (to stick)
sandalias - sandals
diadema - headband
mejorando (mejorar) - improving (to improve)

Es veinticinco de septiembre. Ya es otoño. Todas las enfermeras llevan **pañuelos** azules **atados** al cuello. Es el santo patrón de la ciudad, y el azul es el color que la gente usa para celebrarlo. Mi hija viene al hospital con unos pantalones vaqueros y su pañuelo azul atado en la **muñeca**. Está muy sonriente y lleva una bolsa de plástico en la mano.

—Tengo una sorpresa para ti, papá —me dice.

Dentro de la bolsa, hay algodón de azúcar, churros, y trozos de **coco**.

—He ido a la feria y he comprado ésto.

Cuando era pequeña, los dos íbamos a la feria para celebrar las fiestas de la ciudad, y comprábamos y comíamos esas cosas entre **atracción** y atracción.

Ella está muy feliz. Ya es una persona adulta, pero para mí, ella siempre será mi niña. Los dos pasamos la tarde juntos en mi habitación de hospital, y por la noche, la veo subirse a su coche amarillo e irse a casa por la carretera. En el cielo, hay luna llena. Una enfermera trae la cena, pero yo no tengo hambre.

pañuelos - kerchiefs
atados (atar) - tied (to tie)
muñeca - wrist
coco - coconut
atracción - fairground

Hoy es día diecinueve de octubre. No hace frío, pero llevo una chaqueta de **lana** fina. Abro la ventana, y veo el coche amarillo de Agnes aparcado, y a Agnes abriendo la puerta de detrás. Allí, moviendo el **rabo**, está nuestro perro. Él parece **darse cuenta** de que estoy **asomado** a la ventana, y ladra contento. Ella se gira, y durante unos minutos, hablamos con **gestos** a distancia. En el hospital están prohibidos los perros. Le pregunto a una enfermera si sería posible salir, durante poco tiempo, a la calle para poder saludar a mi perro. Ella mira hacia los dos lados, y después de unos segundos, me dice que sí. Ella trae una silla de ruedas y me acompaña hasta el vestíbulo, Allí, Agnes, mi perro y yo, paseamos entre los pinos del hospital. A las ocho de la tarde, ellos se van y un **celador** me acompaña a mi habitación. Al volver a la habitación, me siento **revitalizado**. El hospital empezaba a parecer una prisión.

Lana - wool
Rabo - tail
darse cuenta - to realize
asomado (asomar) - putting out (to put out)
gestos - gestures
celadores - orderlies
revitalizado - revitalised/revitalized

STORY #9 – LA VIDA EN EL HOSPITAL (Meses y Estaciones)

Es noviembre, y empieza a hacer frío en la calle. Casi ningún árbol tiene hojas, pero los pinos están fuertes y verdes. Cuando las enfermeras se distraen, abro la ventana para poder respirar aire limpio. Ya han subido la temperatura de la **calefacción** y la habitación del hospital parece un paraíso tropical. En mi silla de ruedas, paseo por los corredores del hospital, **cruzándome** con otros pacientes y con los médicos, enfermeros y celadores. En la habitación de al lado hay un chico adolescente. Es muy delgado y ha tenido un accidente de coche. Está bien, a excepción de una pierna **rota**. Los dos hacemos **carreras** en nuestras sillas de ruedas por el **pasillo**. Mientras reímos y giramos las ruedas, veo a mi hija. Trae varios libros en su brazo.

—No quería que te aburrieras —me dice entre risas.

Calefacción - heating
Cruzándome (cruzarse) – bumping into (to bump into)
Rota - broken
Carreras - races
Pasillo - corridor

En diciembre, las enfermeras traen bombones y **turrón** al hospital, y **comparten** los dulces con los pacientes que pueden comer azúcar. El día de Navidad, mi hija me ayuda a ponerme mi abrigo sobre el pijama a cuadros y una **bufanda**, y me saca en mi silla. Fuera, intento levantarme, y con su ayuda, doy algunos **pasos**. Estoy muy contento. La médica dice que necesitaré **rehabilitación**, pero que, en dos meses, podré ir a casa. Agnes y yo nos sentamos debajo de uno de los pinos del el jardín. A lo lejos puedo ver su coche **cubierto** de una **capa** de **hielo**.

turrón - turron
comparten (compartir) - share (to share)
bufanda - scarf
pasos - steps
rehabilitación - rehabilitation
cubierto (cubrir) - covered (to cover)

STORY #9 – LA VIDA EN EL HOSPITAL (Meses y Estaciones)

capa - layer
hielo - ice

Hoy es día tres de enero. En el vestíbulo y en la cafetería del hospital, siguen colgados los adornos de las fiestas. Paseo por los pasillos del hospital con **muletas**, y hablo con los pacientes y sus familias. En invierno, la gente visita a los pacientes más a menudo porque no se van de vacaciones. En mi habitación, leo el periódico sentado en la cama, y me pregunto si podré volver al trabajo este curso. Antes de **enfermar**, yo era profesor. Tengo esperanzas de poder volver a mi puesto después del verano.

muletas - crutches
enfermar - to get ill

Hoy, día quince de febrero, soy libre. Mi médica dice que tengo que volver cada mes para asegurarnos de que todo vaya bien, pero que puedo irme a casa. Agnes ha aparcado su coche fuera, y nuestro perro nos espera en el asiento de atrás. En la calle, hace frío y llueve mucho, pero puedo saltar los charcos con ayuda de mis muletas y el aire huele a limpio. El cielo está tapado por las nubes y, en el corto camino del vestíbulo del hospital al coche, mi hija y yo nos **empapamos**.

empapamos (empaparse) - were soaked (to be soaked)

PREGUNTAS

1) ¿Qué le ocurre al protagonista del texto?
   a) Está en casa enfermo
   b) Está ingresado en el hospital
   c) Su hija está ingresada en el hospital
   d) Está de vacaciones

2) ¿De qué color es el coche de su hija?
   a) Blanco
   b) Negro

    c) Verde
    d) Amarillo

3) ¿Por qué le llevan un trozo de tarta?
    a) Porque es su cumpleaños
    b) Porque es el cumpleaños de su hija
    c) Porque es el cumpleaños de una enfermera
    d) Porque sobró de la comida

4) ¿Cuál era el trabajo del protagonista antes de enfermar?
    a) Enfermero
    b) Policía
    c) Profesor
    d) Jubilado

5) ¿En qué estación sale del hospital?
    a) Invierno
    b) Primavera
    c) Verano
    d) Otoño

SOLUCIONES
    1) B
    2) D
    3) C
    4) C
    5) A

Resumen

Los meses pasan mientras yo estoy en el hospital. Mi hija viene a verme muy a menudo, y yo miro cómo cambian las estaciones a través de la ventana de mi habitación.

Summary:

Months go by while I'm in the hospital. My daughter comes to see me very often, and I see how seasons change through the window in my bedroom.

VOCABULARIO

invierno - winter
hojas - leaves
enfermeros/as - nurses
tapo - cover
entreabierta - half-open
brisa - breeze
claxon - horn
chubasquero - raincoat
aparcamiento - car park, parking lot
vestíblo - hall
mojado/a - wet
alrededor - around
respirando - breathing
enfermedad - illness
Aroma - scent
Cristal - glass
Inconfundible - unmistakable
Ridiculo - ridiculous
Cuidar - to look after
Regar - to water *(plants)*
Césped - grass
sudor - sweat
pulsómetro - pulsometre
echo de menos (echar de menos) - miss (to miss)
primavera - spring
se preocupe (preocuparse) - she worries (to worry)
piscinas - swimming pools
trozo de tarta - piece of cake
carretera - road
esperando (esperar) - waiting (to wait)
atardeciendo (atardecer) - getting dark (to get dark)
silla de ruedas - wheel chair
salud - health
pasatiempo - hobby
cactus - cactus
girando (girar) - spinning (to spin)

STORY #9 – LA VIDA EN EL HOSPITAL (Meses y Estaciones)

se pegan (pegar) - stick (to stick)
sandalias - sandals
diadema - headband
mejorando (mejorar) - improving (to improve)
pañuelos - kerchiefs
atados (atar) - tied (to tie)
muñeca - wrist
coco - coconut
atracción - fairground
Lana - wool
Rabo - tail
darse cuenta - to realize
asomado (asomar) - putting out (to put out)
gestos - gestures
celadores - orderlies
revitalizado - revitalised/revitalized
Calefacción - heating
Cruzándome (cruzarse) – bumping into (to bump into)
Rota - broken
Carreras - races
Pasillo - corridor
turrón - turron
comparten (compartir) - share (to share)
bufanda - scarf
pasos - steps
rehabilitación - rehabilitation
cubierto (cubrir) - covered (to cover)
capa - layer
hielo - ice
muletas - crutches
enfermar - to get ill
empapamos (empaparse) - were soaked (to be soaked)

STORY #10 – LA ULTIMA LIMPIEZA
(Las Tareas Del Hogar).

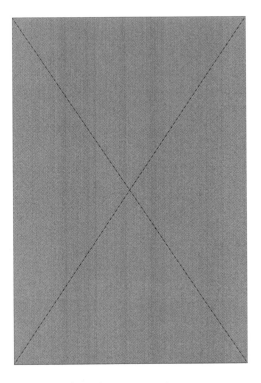

María siempre se despierta muy temprano para hacer las tareas del hogar. Lo primero que hace cada día, a las seis de la mañana, es **poner la lavadora**. Así, antes de irse a trabajar, puede **tender la ropa**, y cuando vuelve a casa por la noche, la ropa está ya **seca**. Después de encender la lavadora, se prepara un café con leche y devora galletas de crema. María se da una ducha corta y fría y va a trabajar. Ella trabaja de **asistenta** del hogar en varias casas de la zona. Esas casas, comparadas con el minúsculo piso de María, son mansiones. Vestida con su **uniforme** azul, ella conduce su coche hasta la casa de Ana Belén y Víctor.

tareas del hogar - housework
poner la lavadora - to put the washing machine

tender la ropa - to hang the clothes to dry
seca - dry
asistenta - cleaner
uniforme - uniform

Ellos son un matrimonio joven, y tienen un hijo pequeño. Él trabaja en una oficina en el centro de la ciudad, pero María no sabe muy bien qué hace allí. Él es alto y **atlético**, y muy atractivo, pero María sólo le ha visto unas pocas veces. Por las mañanas, cuando ella **limpia** su casa, él está en el trabajo. Ana Belén es una mujer delgada y rubia. Ella es escritora, pero María nunca ha leído uno de sus libros. María cree que escribir es sólo una excusa para no trabajar fuera de casa ni hacer las tareas del hogar. El hijo de la pareja es un niño muy simpático, pero María sólo le ve alguna vez cuando él está **enfermo** y no puede ir al colegio. A veces, ella compra algún dulce y lo deja en la cocina de la casa para que él se lo coma cuando vuelva a casa.

atlético - athletic
limpia (limpiar) - clean (to clean)
enfermo/a - ill

Hoy, María está relajada porque Ana Belén y Víctor están fuera de la ciudad de vacaciones, y ella tiene todo el tiempo del mundo para limpiar sin que Ana Belén la moleste. Cuando llega al lugar, María ve el coche de Víctor en la calle. Supone que habrán ido al aeropuerto en taxi, y no piensa en ello. Ella abre la puerta de la casa con su llave, y un olor a carne **podrida** le **abofetea** la cara. María va directa a la cocina, y allí, encima de la mesa, la familia había dejado los platos sin **fregar**.

podrido/a - rotten
abofetea (abofetear) - slaps (to slap)
fregar – to wash (the dishes)

María está enfadada. Esto es típico de ellos. Ella no entiende cómo alguien puede dejar los platos sin lavar e irse de vacaciones **tranquilamente**. Ellos se fueron el viernes y sabían que María no vendría hasta el lunes. Ella observa la **caótica** cocina furiosa, y decide empezar a trabajar. Mete su reproductor de música en el **bolsillo** de su uniforme, se pone unos **guantes de goma** y friega los platos. Después, va al **salón-comedor** y lo **ordena** todo. En él, María sigue oliendo a podrido, así que abre las ventanas para **ventilar**. ¡Tres días enteros sin ventilar! Para ella, el olor a limpio siempre ha sido esencial, y la obsesión de la pareja de no abrir nunca las ventanas la frustraba mucho.

tranquilamente - calmly
caotico/a - chaotic
bolsillo - pocket
guantes de goma - rubber gloves
salon-comedor - dining room
ordena (ordenar) - orders (to order)
ventilar - to air

Mientras escucha música pop, María **barre** el **vestíbulo** y el pasillo de la planta baja. Con un **plumero**, limpia el **polvo** de las fotografías que hay **colgadas** de las paredes y decorando los muebles del salón. En la mayoría de ellas, el niño de la pareja, Valentín, sonríe a la cámara. En otras, Ana Belén y Víctor se besan. María coge una foto en la que salen los tres e intenta ponerla recta, pero no puede. El marco está roto y no se mantiene sola. Sale del salón con frío, y cierra la puerta detrás de ella. Sigue sin poder sacarse el olor de la nariz.

barre (barrer) - sweeps (to sweep)
vestíbulo - hall
plumero - feather duster
polvo - dust
colgados/as - hanging

En el cuarto de baño de la planta baja, armada con lejía y desinfectante, María limpia cada una de las **baldosas**. Con una esponja y jabón, limpia el cristal de la **mampara**. Después, repone el **papel higiénico** y ordena las **toallas** del armario. Aquél

STORY #10 – LA ULTIMA LIMPIEZA (Las Tareas Del Hogar).

lugar parece haber sido destrozado por un tornado. A veces piensa que desordenan todo intencionadamente para que María tenga más trabajo. Vacía el cesto de la ropa sucia y la deja en un montón en el suelo del pasillo. Ya la recogerá después. Pone un cubo en la bañera y abre el grifo. Mientras el cubo se llena, ella limpia el cristal del espejo con gel de afeitar para que no se **empañe**. Después, recoge la ropa del suelo, la mete en la lavadora y con el cubo y la **fregona** friega el suelo de la planta baja.

baldosas – floor tiles
mampara - screen
papel higiénico - toilet paper
toallas - towels
empañe (empañar) - mists up (to mist up)
fregona - mop

Mientras sube las escaleras hacia la segunda planta, María usa el plumero para limpiar el polvo de la **barandilla**. Cuando llega arriba, se enfada aún más. Hay ropa por el suelo del pasillo, y a través de la puerta abierta del cuarto de baño, puede ver la cortina de la ducha caída.

«¡Esta familia es un desastre!» piensa María.

Cada vez es lo mismo. María limpia muchas casas, pero ésta es la peor. Ella cree que todo es culpa de Ana Belén. Ella siempre está escribiendo en lugar de pensar en su casa y en su familia. Y el pobre Valentín… ¡ella dice que es culpa del niño!

barandilla - handrail

El horrible olor a podrido es incluso más intenso aquí arriba. Lo primero que hace es abrir la ventana del pasillo y del cuarto de baño, y en seguida baja la ropa sucia a la lavadora de la planta inferior. Al subir corriendo, los **cascos** se le enganchan en la barandilla de la escalera y se escapan de sus orejas. Oye un ruido, pero desde allí ve la ventana del cuarto de baño cerrarse y abrirse con fuerza por el aire. Se pone los cascos otra vez, y busca una de sus canciones favoritas en su iPod. Rápidamente, **coloca** la **cortina** de la ducha en su lugar y limpia el **inodoro** y el **lavabo** con lejía. Antes de salir, echa **ambientador** al aire y cierra la puerta.

cascos - earphones
coloca (colocar) - puts (to put)
cortina - curtain
inodoro - toilet
lavabo - sink
ambientador - air freshener

Después entra en la habitación de Ana Belén y Víctor. Es un dormitorio grande y espacioso pintado de verde. María **hace la cama** y ordena los **cojines**. Sobre las mesillas de noche, Valentín posa sonriente y en otra, Ana Belén abraza a Víctor en el día de su boda. María limpia el polvo y **pasa la aspiradora** por debajo de la cama. De la habitación pasa al vestidor, un pequeño cuarto sin ventanas y cubierto de armarios. María se mira a sí misma en el espejo, se ríe, y no puede **evitar** la tentación de **probarse** uno de los bonitos vestidos de Ana Belén. Ella apaga su reproductor de música y deja su uniforme en una silla. Elige un vestido largo y rojo y unos zapatos blancos. María se imagina cómo podría ser su vida si se hubiera casado con Víctor. Ana Belén es muy afortunada. Tiene un hijo adorable y un marido guapo y con dinero. ¿Y ella qué hace? No sale de casa ni cuida de su familia. Sólo escribe y escribe en su ordenador mientras María hace la faena. Atrapada en sus pensamientos, María oye un fuerte ruido al final del pasillo. Todavía con el vestido largo camina lentamente hacia allí. El ruido viene del dormitorio de Valentín. Abre la puerta con cuidado…

hace la cama (hacer la cama) - makes the bed (to make the bed)
cojines - pillows, cushions
pasa la aspiradora (pasar la aspiradora) - vacuums (to vacuum)
evitar - to avoid
probarse - to try on

STORY #10 – LA ULTIMA LIMPIEZA (Las Tareas Del Hogar).

— ¿Mamá? ¿Eres tú?
— ¿Valentín?

María ve a Valentín. El niño está nervioso, **cubierto** de **sangre** y rodeado de sus juguetes. De la habitación sale un olor **insoportable** a carne podrida. María, asustada, busca el origen del olor, y lo encuentra, en una **esquina** del dormitorio. Allí, Ana Belén y Víctor están **apoyados** en la pared, muertos y cubiertos de **moscas**. María grita de terror, corre hacia Valentín y le abraza con fuerza.

— ¿Qué ha pasado? — pregunta, asustada —. Tenemos que salir de aquí.

Los dos bajan las escaleras y entran en la cocina. María cierra la puerta de la cocina y apoya una silla en ella para que nadie pueda entrar. Valentín, sentado en una silla, llora mientras María busca su teléfono móvil en el bolso que ha dejado sobre la mesa. Cuando lo encuentra, cierra la ventana y llama a la policía. No sabe qué hacer. Valentín, desde la silla, llora y grita.

— ¡Mamá! ¡Mamá!
Ring… ring… ring…

cubierto/a - covered
sangre - blood
insoportable - unbearable
esquina - corner
apoyados (apoyar) - standing (to stand)
moscas - flies

— Emergencias, ¿En qué puedo ayudarle? — una voz de hombre responde al teléfono.
— Alguien… ha habido un accidente… No sé qué ha pasado… ¡Ayúdenos, por favor!
— Señora, **tranquilícese**. ¿Qué ha pasado?
— Los **dueños** de la casa, Ana Belén… su hijo… ¡Víctor! Necesito una ambulancia. ¡No sé si el **asesino** ha salido de la casa!
— ¿Y Valentín está bien?
— Sí… sí. Valentín… ¿por qué sabe su nombre?

Al otro lado del teléfono, el hombre empieza a reír, y detrás de María, Valentín hace lo mismo. María se **gira**, aterrorizada, y mira a Valentín. El niño sonríe, como en todas las fotos de la casa, pero en su cara tiene una expresión de **maldad**. En ese momento, no parece un niño. No parece humano. En su mano tiene un cuchillo de cocina y se acerca a María lentamente. Ella no puede moverse y piensa en él y en su cara. Esa cara **angelical**. La última cara que va a ver.

tranquilícese (tranquilizarse) - calm down (to calm down)
dueños - owners
asesino/a - murderer
gira (girar) - turns around (to turn around)
maldad - wickedness
angelical - angelic

PREGUNTAS

1) ¿De que trabaja María?
    a) De enfermera
    b) De cocinera
    c) De asistenta del hogar
    d) No trabaja

2) ¿Dónde cree María que están Ana Belén y Víctor?
    a) Trabajando
    b) De compras
    c) De vacaciones
    d) En la casa

3) ¿Qué se prueba María?
    a) Unos zapatos
    b) Un bolso
    c) Un abrigo
    d) Un vestido

4) ¿Dónde encuentra María al matrimonio?
    a) En el dormitorio de Valentín
    b) En el baño

c) En su dormitorio
d) En la cocina

5) ¿Quién es el asesino?
a) Ana Belén
b) Valentín
c) Víctor
d) María

SOLUCIONES
1) C
2) C
3) D
4) A
5) B

Resumen

María trabaja como asistenta del hogar en varias casas.

Antes de ir a trabajar, hace las tareas de su casa. Después de desayunar, va a limpiar la casa de Ana Belén y de Víctor, que están de vacaciones.

Cuando llega, la casa es un desastre. Hay platos sucios encima de la mesa de la cocina y un horrible olor en toda la casa. En el piso de arriba, María oye un ruido al final del pasillo. Víctor y Ana Belén están allí, muertos.

Summary

María works as a maid for a few homes.

Before going to work, María does chores for her own house. After having breakfast, she goes to Ana Belén and Víctor's house. They are on holiday.

When she gets there, the house is a total mess. There's dirty dishes on the kitchen table and the whole house smells like something's rotting in there. On the second floor, María hears a weird noise at the end of the corridor. Ana Belén and Víctor are there, murdered.

VOCABULARIO

tareas del hogar - housework
poner la lavadora - to put the washing machine
tender la ropa - to hang the clothes to dry
seca - dry
asistenta - cleaner
uniforme - uniform
atlético - athletic
limpia (limpiar) - clean (to clean)
enfermo/a - ill
podrido/a - rotten
abofetea (abofetear) - slaps (to slap)
fregar – to wash (the dishes)
tranquilamente - calmly
caotico/a - chaotic
bolsillo - pocket
guantes de goma - rubber gloves
salon-comedor - dining room
ordena (ordenar) - orders (to order)
ventilar - to air
barre (barrer) - sweeps (to sweep)
vestíbulo - hall
plumero - feather duster
polvo - dust
colgados/as - hanging
baldosas – floor tiles
mampara - screen
papel higiénico - toilet paper
toallas - towels
empañe (empañar) - mists up (to mist up)
fregona - mop
barandilla - handrail
cascos - earphones
coloca (colocar) - puts (to put)

cortina - curtain
inodoro - toilet
lavabo - sink
ambientador - air freshener
hace la cama (hacer la cama) - makes the bed (to make the bed)
cojines - pillows, cushions
pasa la aspiradora (pasar la aspiradora) - vacuums (to vacuum)
evitar - to avoid
probarse - to try on
cubierto/a - covered
sangre - blood
insoportable - unbearable
esquina - corner
apoyados (apoyar) - standing (to stand)
moscas - flies
tranquilícese (tranquilizarse) - calm down (to calm down)
dueños - owners
asesino/a - murderer
gira (girar) - turns around (to turn around)
maldad - wickedness
angelical - angelic

STORY #11 – CIELO Y TIERRA
(Cantidades y Comparaciones).

*L*os **astronautas** intentan dormir en la pequeña **nave espacial**. Mientras duermen, algunos sueñan con su hogar y otros sueñan con su familia. Felipe no puede dormir. Él mira a través de la ventana redonda de la cabina. A lo lejos, la Tierra parece tan pequeña como un **guisante**. Felipe se imagina a su novia, Leticia, durmiendo junto a su perro Blas. El **pensamiento** le hace sentir pequeño y triste, aunque él es, en realidad, un hombre alto y fuerte. Felipe oye detrás de él a uno de sus compañeros. Está **roncando** como un cerdo. Felipe se siente solo a pesar de estar rodeado de gente.

astronautas - astronaut
nave espacial - spaceship

guisante - pea
pensamiento - thought
roncando (roncar) - snoring (to snore)

En la Tierra, Leticia **abraza** a su perro e intenta dormir, pero tampoco puede. Ella vive en un apartamento lejos de la ciudad. El apartamento es muy pequeño, pero parece más grande de lo que es porque no tiene **paredes** dividiendo las habitaciones. Ella mira por la ventana e imagina a su novio Felipe. Él está ahí, en ese pequeño punto iluminado del cielo. Algunas veces le envidia. Él está en el espacio, viviendo una maravillosa aventura, sin tener tiempo para aburrirse. Leticia, sin embargo, está en casa, **echándole de menos** y contemplando las estrellas desde su minúscula casa. La luz de la luna entra por la ventana e ilumina el dormitorio. Blas, su perro, ronca en la cama sin moverse. Blas es un perro negro y muy grande, casi tan grande como el apartamento entero. Felipe y Leticia siempre hablan de comprar una casa más grande, pero no tienen dinero. Por eso Felipe está ahí arriba, en el espacio. Cuando vuelva, tendrán una casa grande y bonita como las casas que salen en las revistas de **decoración**.

abraza (abrazar) - hugs (to hug)
paredes - walls
echándole de menos (echar de menos) - missing him (to miss)
decoración - decoration, design

Felipe y sus compañeros desayunan, aunque ninguno de ellos sabe muy bien qué hora es. Allí, en el espacio, siempre es de noche. Antes de venir aquí, Felipe era **botánico**. Está aquí estudiando el efecto de la **gravedad** cero en las plantas. Sus compañeros son todos astronautas. Ellos están acostumbrados a comer comida **deshidratada**. Felipe sujeta su **bandeja** al **arnés** de seguridad y come sin emoción. La **cabina** es igual de pequeña que su apartamento en la Tierra, pero es mucho más fea. Mira a sus compañeros. Rose es una mujer de cuarenta años aproximadamente. Tiene el pelo corto y el pecho muy grande. Es la capitana de la nave. Rose es una mujer amable y es, sin duda, la persona más inteligente que Felipe haya conocido nunca. En la nave, ella es su mejor amiga. Ella sabe que Felipe se siente solo y echa de menos su hogar, así que hace **bromas** y habla con él para **animarle**. Rose es de Inglaterra y tiene el pelo rubio, casi blanco. Helena es igual de alta que Rose y también es muy inteligente. Helena es piloto. Ella es una mujer rusa de unos cincuenta años, y tiene muchos años de experiencia. Ha viajado muchas veces al espacio.

—¿Echas de menos la Tierra? —le pregunta Felipe.
—A veces. Echo de menos poder ducharme y la comida.
Los dos se ríen.

botánico/a - botanist
gravedad - gravity
deshidratado/a - dehydrate
bandeja - tray
arnés - harness
cabina - cockpit
bromas - jokes
animarle (animar) - cheer him up (to cheer up)

Son las dos en punto de la tarde en la ciudad de Leticia. El tiempo pasa más lento en la Tierra, o eso le parece a Leticia. Ella cuida de su jardín y mira al cielo. Las nubes se mueven muy deprisa.

—Va a llover —le dice el vecino.

El chico es más joven que Leticia, pero tiene muchas **canas**. Blas le **ladra** muy fuerte. No le gustan nada los hombres, excepto Felipe.

canas - grey hairs, white hairs
ladra (ladrar) - barks (to bark)

En su nave, Felipe observa sus plantas. Algunas crecen más rápido que otras. La mayoría están verdes y fuertes, pero la más

129

pequeña de todas, un **bonsái**, parece estar enfermo. En algunas cajas, Felipe tiene guardadas **semillas** de muchas tipos distintos de árbol: algunas semillas de **cerezo,** unas pocas semillas de **almendro**... La agencia espacial cree que, debido a la **radiación** del espacio, algunas plantas pueden crecer más rápido en el espacio que en la Tierra. Podría ser una solución a la **escasez** de comida en la Tierra. Felipe ve que las plantas crecen más o menos a la misma velocidad. Si crecieran más rápido... ¿quién querría comer fruta **radioactiva**? Felipe no está feliz en la nave, pero cuando le dieron el trabajo, pensó que era el hombre más afortunado del mundo.

bonsái - bonsai
semillas - seeds
cerezo - cherry tree
almendro - almond tree
radiación - radiation
escasez - shortage
radioactivo/a - radioactive

Casi no consigue el trabajo. Había muchos candidatos, pero sólo un puesto. Cada **aspirante** necesitaba diez años de **experiencia** como **botanista**. También, tenía que medir al menos un metro y cincuenta centímetros, pero menos de un metro y noventa centímetros. Felipe miraba a sus oponentes y todos eran más bajos y más atléticos que él. Felipe mide un poco más de un metro noventa, pero era el más **cualificado**. Ahora, Felipe parece más alto de lo normal y está demasiado **delgado**. Es el más alto y el más delgado de la nave.

En la Tierra, Leticia va a comprar comida, Despés tiene que hacer un montón de **recados**. En el supermercado, compara las **distintas marcas** de pasta. «Los dos paquetes de pasta son iguales», piensa, pero uno es más **caro** que el otro. Lee los paquetes. Uno de ellos, el más caro, lleva huevo y tarda dos minutos en **hervir**. El más **barato** de los dos tarda diez minutos en hervir. Leticia piensa que no **tiene prisa** y que prefiere pagar menos dinero por un **puñado** de pasta.

aspirante - candidate
experiencia - experience
botanista - botanist
cualificado/a - qualified
delgado/a - thin
recados - errands
distintoa/as - different
marcas - brands
caro - expensive
hervir - to boil
barato /a - cheap
tiene prisa (tener prisa) - is in a hurry (to be in a hurry)
puñado - handful

Después de comprar, ella va a ver a sus hermanos. Ella es la hermana **mediana**. Su hermano Carlos es un poco mayor que ella. Luis es el mayor, y Lola, que tiene dos años menos que Leticia, es la menor de los hermanos. Los cuatro son muy bajos, pero Luis es el más bajo de todos. Los cuatro ven la tele juntos en el salón de la casa de Luis. La casa de Luis es mucho más grande que la de Leticia. De hecho, el apartamento entero podría **caber** en ese salón. En las noticias hablan de Felipe y de la misión espacial. Es el único español de la misión, así que hablan más de él que de la misión. En una foto reciente, Felipe está mucho más delgado que antes de irse. Leticia se preocupa un montón. Felipe siempre ha sido muy alto y algo gordo. En casa, Leticia y él cocinan las mismas veces, pero Felipe es mucho mejor cocinero que ella. En una semana, él volverá a casa y ella le recibirá con un delicioso plato de pasta con carne. Tiene que **engordar** un poco y volver a estar como antes.

mediano/a - middle
caber - to fit
engordar - to gain weight

Felipe no puede esperar más para volver a casa. Es el que está más ilusionado por el viaje de vuelta a la Tierra. Su compañero Yuri, un hombre ucraniano más joven que él, le dice que es la peor parte del viaje. Helena, por el contrario, cree que es la mejor, aunque la más difícil.

A Felipe no le importa. Quiere volver a casa y comer comida de verdad. Cualquier cosa, un simple huevo frito, por ejemplo, es mejor que la comida **seca** y **empaquetada** que comen aquí. Cuando llegue a casa dará un beso a su novia, un abrazo a su perro, e irá directamente a la cocina para coger un gran plato de pasta. Felipe observa la Tierra desde la ventana redonda de la cabina. Desde la Tierra se ven todas las estrellas, pero desde la nave espacial, sólo se ve negro, a pesar de estar más cerca de ellas.

Antes de empezar el viaje de regreso, toda la tripulación se ajusta el uniforme y los **cinturones de seguridad**. Rose está más relajada que sus compañeros. Helena está muy emociona-da. Le encanta aterrizar, y prefiere el viaje de vuelta al viaje de ida. Yuri está muy contento, pero es el que está más nervioso. Yuri y Felipe tienen las mismas ganas de volver a casa.

seco/a - dry
empaquetado/a - packed
cinturones de seguridad - safety belts

En la Tierra, en su pequeño apartamento, Leticia corta pollo y fríe **ajos** y **cebolla**. Dentro de poco tiempo volverá Felipe. Un coche oficial de color negro le traerá a casa después de hacerle algunos **análisis** médicos. Mientras **hierve** el agua, Leticia pone los platos y las servilletas en la mesa. Después, echa dos puña-dos de pasta en el agua con sal. Alguien llama a la puerta. Es Felipe. El ha llegado antes de lo que ella esperaba. Él la besa **apasionadamente** y saluda a Blas con un abrazo. Corriendo, abre la puerta de la cocina y mira la **olla**. La pasta está todavía demasiado dura para comerla.

—Todavía necesita ocho minutos más.
—Pero tengo hambre...

Felipe y ella se ríen. Los dos tienen hambre, y Leticia se **arrepiente** de no haber comprado la pasta con huevo, pero mientras esperan, beben vino blanco y juegan con Blas en el suelo de la habitación. Leticia está más gorda que antes, y Felipe, mucho más delgado. Dentro de poco tiempo, se mudarán a una casa nueva y grande, comerán toda la comida fresca que quieran, y dormirán juntos mientras escuchan los ruidosos ronquidos de Blas.

ajos - garlics
cebolla - onion
análisis - analysis
hierve (hervir) - boils (to boil)
apasionadamente - passionately
olla - pot, pan
arrepiente (arrepentirse) - she regrets (to regret)

PREGUNTAS

1) ¿Cómo se llama el perro?
   a) Blas
   b) Felipe
   c) No lo dicen
   d) No tienen perro

2) ¿Por qué esta Felipe en el espacio?
   a) Porque le gusta el espacio
   b) Porque rompió con su novia
   c) Para poder comprar una casa más grande
   d) Porque sus padres le obligaron

3) ¿Qué era Felipe en la tierra?
   a) Piloto
   b) Botánico
   c) Medico
   d) Ingeniero

4) ¿Quién es el capitán de la nave?
   a) Helena
   b) Felipe
   c) Yuri
   d) Rose

5) ¿Qué comida prepara Leticia para el regreso de Felipe?
   a) Pollo
   b) Arroz
   c) Pasta
   d) Pescado

SOLUCIONES
   1) A
   2) C
   3) B
   4) D
   5) C

Resumen

Felipe es un botánico en una misión espacial. En el espacio, echa de menos la comida fresca, la gravedad, y a su novia Leticia.

Leticia se aburre sola en la Tierra. Cuida de su perro y le gustaría poder estar en el espacio viviendo aventuras y viendo el cielo de cerca.

Summary

Felipe is a botanist on a spatial mission. In space, he misses fresh food, gravity, and his girlfriend Leticia.

Leticia, on Earth on her own, is bored. She looks after her dog and she'd like being in space having adventures and getting a closer view from the sky.

VOCABULARIO

astronautas - astronaut
nave espacial - spaceship
guisante - pea
pensamiento - thought
roncando (roncar) - snoring (to snore)
abraza (abrazar) - hugs (to hug)
paredes - walls
echándole de menos (echar de menos) - missing him (to miss)
decoración - decoration, design
botánico/a - botanist
gravedad - gravity
deshidratado/a - dehydrate
bandeja - tray
arnés - harness
cabina - cockpit
bromas - jokes
animarle (animar) - cheer him up (to cheer up)
canas - grey hairs, white hairs
ladra (ladrar) - barks (to bark)
bonsái - bonsai
semillas - seeds
cerezo - cherry tree
almendro - almond tree
radiación - radiation
escasez - shortage
radioactivo/a - radioactive
aspirante - candidate
experiencia - experience
botanista - botanist
cualificado/a - qualified
delgado/a - thin
recados - errands
distintoa/as - different
marcas - brands
caro - expensive

hervir - to boil
barato /a - cheap
tiene prisa (tener prisa) - is in a hurry (to be in a hurry)
puñado - handful
mediano/a - middle
caber - to fit
engordar - to gain weight
seco/a - dry
empaquetado/a - packed
cinturones de seguridad - safety belts
ajos - garlics
cebolla - onion
análisis - analysis
hierve (hervir) - boils (to boil)
apasionadamente - passionately
olla - pot, pan
arrepiente (arrepentirse) - she regrets (to regret)

Conclusion

"One language sets you in a corridor for life.
Two languages open every door along the way."

-Frank Smith

A new language can truly open new doors that you never thought existed. I hope this book was able to help you discover just that. A lot of effort has gone into the making and publication of this book, but knowing that I am paving the way for you to continue learning Spanish — and have fun while you're at it — makes all the effort worthwhile.

After reading the ten stories found in this book, you should be making headway in learning Spanish. You have learned hundreds of useful new vocabulary words to add to your memory bank, and you will find that your confidence while reading and writing has improved, too.

If you found this book to be helpful, you can support it by leaving a review on Amazon. Your feedback is truly appreciated and valued.

Thank you so much.

Instructions for Using the Audio

You will find that the links to the audio are provided within the stories in the e-book. This will make it easier and faster for you to access those MP3 files. For ipad users and non-dropbox users, however, here are additional instructions:

The link to download the MP3 :

hyperurl.co/spanishstoriesvol1

- This product is completely compatible with all iOS devices but, due to the limited control of the file system in Apple devices, you will first need to download the files to your computer. Here are the steps.

1. **Download to your computer**

- Using either the download link you received in your email after your purchase or via your user account, download the .zip file to your computer.

- Note: These files can be large, so do not try opening the .zip file until your browser tells you that it has completed the download successfully (this usually takes a few minutes on a broadband connection ; if your connection is unreliable, it could take 10 to 20 minutes).

2. **Expand the .zip file**

- If your computer is set up to automatically expand .zip files upon download, then you will find a folder in your Downloads folder. Otherwise, just double click on the .zip file and it will automatically expand the file into a folder with the mp3 and PDF files.

Instructions for Using the Audio

3. Import the file in iTunes

- In iTunes, select the File > Add To Library menu item. Navigate to the folder where the My Daily Spanish folder is and select all the mp3 files. Click Open.

- If your iTunes is set to its default options, it will copy all mp3 files into the iTunes Media Library. (To make sure the files are copied to your internal library, go to iTunes > Preferences and click on the "Advanced" tab. You should see it below.)

4. Sync your iPad/iPhone with iTunes/iCloud

- All your audio files should now appear in Learn Spanish artist.

Alternative:

- You can also check out this video here: https://www.youtube.com/watch?v=a_1VDD9KJhc?

- You can skip the first minute and twenty seconds of the explanation.

If you still face some issues, please contact me at contact@mydailyspanish.com

With that, I thank you for purchasing this book and I hope you have a great time learning with these stories.

Thank you.

Trouble downloading the MP3? Contact Frederic at

contact@mydailyspanish.com

Thank you again.

Printed in Poland
by Amazon Fulfillment
Poland Sp. z o.o., Wrocław